琉球奇譚
シマクサラシの夜

小原 猛

竹書房文庫

前書き

私が最初に沖縄に移住した頃の話である。

その頃から私は沖縄のユタ（沖縄のシャーマン的存在）やウタキ（拝所《はいしょ》ともいう）に興味があって、折に触れてそのような場所を巡ったり、そういった方々に直接会って取材してきた。

沖縄県北部の恩納村《おんなそん》には、通称スリーエス・カーブと呼ばれている場所がある。世間では心霊スポットとか、ユタの修行場とかいわれている場所でもある。実際はそこの集落が古くから拝んでいるウタキがある場所なのだが、いつの間にか神様の礼拝場所が心霊スポットとして定着してしまった。おそらく神聖な場所を穢《けが》すと災いが起きるという、そのことが転じてこのように語られるようになったと思われるが、実際その場所で不可思議な体験をした者がいたり、怪談が生まれたこともまた否定できない。

もう三十年前だろうか。一度その場所を訪れてみようと思った私は、知り合いから教えてもらった道を頼りに、その場所へと向かった。

昼間であったが、鬱蒼と茂った森の山道を降りていくと、なぜかいきなり汗臭いアンモニアの臭いがぶわーっと漂ってきた。

何か動物でも死んで腐っているのかと思った。

が、次の瞬間、私は「それ」と目を合わせることとなった。

右側の茂みの中に、全裸の男性が中腰でたたずみながら、じっとこちらを見つめているのである。

「うわぁ！」と思わず私は声を上げてしまった。

当然だ。このシチュエーションで黙っていられる人間がいたら、お目にかかりたいものだ。

だが相手はそんな悲鳴には微動だにせず、じっと茂みの中に身を隠したまま、動こうとしない。

最初は幽霊だと思ったが近くで見るにつれ、これは生身の人間だと理解できた。

私は何か話しかけられたら怖いと思い、そのまま道を進み、ウタキのビジュル（霊石）の写真を撮影し、そのまま道を引き返したが、さきほどの全裸の男性は同じ格好でその場所にたたずんでいた。私は男性の横を早足で引き返した。

あとでいろんな方に話を聞くと、この男性はどうやら神ダーリ（神もしくは霊的な何かが乗り移ったり、その影響下にある状態のこと）している男性で、ウタキへと自然に導かれてきた男性だろうという結論に落ち着いた。

その他にも、私は宮古島にいるときに、全裸のオバアが木の枝を持って笑いながら集落の中を歩いているのを見かけたことがある。それを見た子どもはこう言っていた。

「カンカカリャのおばあさん！」

カンカカリャとは神がかりしているという意味である。

こういったことが、当然であるという認識が、現代の沖縄にはまだ根強く残っている。すなわち、ユタを始めとするシャーマン文化が、都市化の波に消されずに残っている地が沖縄である。これはダイビングと観光だけしていては決して触れることの出来ない、昔から連綿と続いている琉球《りゅうきゅう》の本当の姿なのかもしれない。

ところで、以前から書きたかった話がひとつあった。それが、知り合いのユタから聞いたイチジャマの話である。イチジャマとは沖縄方言で生霊のことをいう。知り合いのユタである黒島ハルさん（仮名）によると、誰でもイチジャマは飛ばしているという。

憎しみや悲しみ、理不尽なことをされたことに対する憤慨、そのような気持ちは、すべて肉体から抜け出して、瞬時に相手のマブイ（魂）に届くという。

これは悪いイチジャマであるが、黒島さんによると善いイチジャマも存在するという。それは子を思う母の愛情であったり、大切な人の無事を祈る心が、善きイチジャマとなって相手を守るのだという。

もうかなり前の話になるが、そのユタのハルさんにずっと取材していたことがある。私はその頃、ユタというものが、どういう言葉を発し、どういった対象にどのような影響を及ぼすのかなど、フィールドワークとして記録したいという気持ちが強くあった。なのでそういった人たちに片っ端から声をかけていた。中には邪険に扱われたりいろんな経験をしたが、ハルさんだけは別だった。ハルさんは私を快く迎えてくださり、いろんな話を聞かせてくれたのだ。

その中でもブトキの話だけは特別で、いつか書こうとずっと思っていた。だが、いざキーボードの前に座って書き出してみると途中で邪魔が入ったり、性格が未熟なせいか集中力が途中で途切れてしまい、最後まで書くことができなかった。竹書房さんから二冊目の依頼を受けたときには、ぜひこの話を書こうと思い立ち、今回は首尾よく最後まで終わらせることが出来た。

この話は最後に収録したのでそれを読んでいただくとして、沖縄ではユタ、ノロ（沖縄の祭祀を司る琉球王府から任命された公務員的存在）、あるいは神人《かみんちゅ》という名前で呼ばれる、神に仕える存在たちが、死んだ霊（シニマブイという）と生きた霊（イチジャマ、あるいはイチマブイという）の狭間で、常にせめぎあいながら今も戦っているのである。

それでは、最初はこんな話から紹介していこうと思う。

目次

※本書に登場する人物名等は様々な事情を考慮してすべて仮名にしてあります。

これじゃない

与那城《よなしろ》さんの家の後ろには、琉球王府がまとめた歴史書『琉球国由来記《りゅうきゅうこくゆらいき》』にも記された、由緒あるウタキが山の上にある。

与那城さんが子どもの頃のこと、父親と一緒にウタキの上に登った。するど、一番上の鳥居をくぐった場所のアコウの木で、髪の長い女性が首をくくっていた。

「父さん、あれ見て。首吊りだよ」

父親はその方向に視線を向けたが、どうやら見えないらしく「えー、怖いこと言うなー」と言った。

しかし首を吊った女性は、まるで過去の写真か何かのように、微動だにせず、じっと、木からぶら下がり続けている。

父親が拝所で祈っている間も、横を向いたまま首吊りの女性は、顔をうなだれたまま、じっとしている。

与那城さんは見ないように、うつむきながら、一人震えていた。

山を降りて、アスファルトの路面にたどり着いたとき、あまりの恐怖に幼い与那城さんはおもらしをしてしまうほどだった。

家に帰り、母親におもらしをした理由を話すと、「一応見てこようかねえ」と、彼女は妹を連れて山を登った。

するとしばらくして、妹だけが降りてきて、農作業用のカマを持ってもう一度山に登っていった。

降りてきた母親と妹は、カマのほかに、手に変なものを持っていた。

二メートルほどの藁《わら》で出来たロープと、そのさきにぶら下がっているのは藁人形だった。

「あんた、これを見たんでしょう。父さんは目が悪いからさ、見えんかったんだはずね」

いや違う、と幼い与那城さんは心の中で抗議した。

これじゃない。

「まったくもう、ひどいさーねー。あそこは神様の場所だのに、デージ（大変）罰当たりなことをする人がいるもんだね」
これじゃない、と与那城さんは心の中でもう一度呟いた。
一体誰が吊るしたのか、今もわからないという。

麝香《じゃこう》の香り

戦後になって、北部の某場所のウタキが改装工事を行《おこな》った。

昭和初期に作られたコンクリート建造物は貴重であったが、基礎が腐ってしまっていた。そこで、祀《まつ》られているビジュル（霊岩）を運び出し、近くの集会所に安置してから、小型のユンボで祠《ほこら》を壊すことになった。

ガガガガッ、とユンボが一気にコンクリート製の祠を壊すと、あたりに急に麝香のような芳《かぐわ》しい香りが立ち込めた。

近くに何か花でも咲いているのだろうか？　みんな不思議がったが、どこにも花など咲いていない。

「ドラゴンフルーツの花だろうか？」

「いやこれはきっとジャスミンだよ」

「クチナシかもしれん」

やがて、工事を見守っていた一人が、こんなことを言い出した。

「これは……祠から漂ってくるけど、何だろうね」

彼らは工事の手を止め、半分壊された祠に近寄って、匂いをかいだ。

間違いない。祠から漂ってくる。だがどこという断定が出来ない。祠のコンクリートからでも、地面からでもない。その空間が、芳しく香っているのである。

彼らは「きっと神様が改築を喜んでいらっしゃるに違いない」として、頭を下げて深々と礼をした。

その香りが現れたのはその日、その時間だけで、それから二度と麝香の匂いがすることはなかった。

童骨《ワラビブニ》

昭和四十年代のこと。沖縄の新聞社に勤務していた屋比久《やびく》さんという人がいた。屋比久さんは与那原町《よなばるちょう》に住み、コンクリート造りの母屋のほかに、離れに木造の倉庫として使っている家を持っていた。その家は戦前から建っていたが、戦争で一度焼けて、その後に基礎を生かして再建された古民家だった。

ある時、本土の新聞社から沖縄に、カメラマン兼記者の柴田さんという男性が派遣されてきた。柴田さんはしばらくこちらに記者として留まるので、住む場所を探しているという。

「あんた、木造でちょっと古いし、那覇から距離があるけれど、ここで良ければ安くで貸してあげるよ」

そういって屋比久さんは離れの木造の家を紹介した。古民家風の造りにいたく感動した柴田さんは、即決でそこを借りることにした。

こうして柴田さんは屋比久家の離れの古民家で生活することになったが、何年か後、横に生えている庭のガジュマルの根が伸びすぎて、古民家の床を突き破ってしまった。ガジュマルは、別名「絞め殺しの樹」ともいい、垂れ下がる気根は周囲の植物を取り込み、根は横へと広がり、コンクリートさえ破壊してしまう。

そこで庭に近い部分のガジュマルの根を切って古民家の床部分を修復することになった。

工事の日、周辺の土地を大工さんたちが来て、掘り返した。

すると、出てくるわ出てくるわ、子どもの骨、骨、骨。形がちゃんとのこった頭蓋骨が、いくつも出てきた。子ども以外の骨も見つかった。

「そういえば、戦前まで、幼くして亡くなった子どもは、家の軒下に埋めるのが慣習だったからね。これは多分そういうものだはずよ」と大工は語った。「あるいは沖縄戦当時のものかもしれんね。このあたりでも、よく出るわけよ」

屋比久さんも庭を掘って骨が出てきた話は何度も耳にしたことがあった。あるいはその昔、生き倒れた人たちも、そのようにして埋葬してやる風習があった。

おそらく、そのうちのどれかの骨だろうと思われた。

だがそれを見た柴田さんは、あからさまに嫌な顔をした。

「赤ん坊とか子どもの骨を軒下に埋めるなんて、あんたら頭がおかしい民族だぞ。これは古代人の慣習だ。今までこんなモノの上に俺様を寝泊りさせていたのか。失礼千万だ。訴えるぞ!」

偏見と怒りが、溶岩のように湧き出てきた。

もともと柴田さんは沖縄が好きではなかった。左遷されたのだった。

「これは沖縄の習慣だったからね」と屋比久さんは言った。「あるいは大工さんの言うように、沖縄戦の骨かもしれない」

「どちらにしろ野蛮人の習慣だ。俺は気に食わん。骨は寺に納めろ」

「沖縄にはそんなに寺はない。檀家制度もないんですよ」

「だったら作りゃいいじゃないか!」

言うことが支離滅裂で、多分に悪意を含む言い方だった。

それから、柴田さんは沖縄を急に批判しだした。

「復帰なんかしなけりゃ良かった。沖縄の人間は一生サトウキビとソテツを食べてりゃいいんだ」

ある日の飲み会で大声で叫んだ柴田さんは、だんだんと沖縄の社会から阻害され、家から出なくなっていった。そして次第に体調を壊し、病院に何度も通うようになった。

ある朝、屋比久さんが目覚めると、庭の片隅の地面に向かって、柴田さんがスコップを突き立てているのを目にした。

「何をしてるんですか？」と屋比久さんは尋ねた。

「なあ屋比久さんよ。実は最近、寝ていると、三十センチくらいの子どもが数十人擦り寄ってきて、俺のほっぺたをつねるんだよ。ちっこくて、冷たい手でな。あのクソガキども、まったく眠れやしない。どうすりゃ殺せるんだ？　屋比久さんよ、あんたいいアイデア知らないかね？」

屋比久さんは少し考えてから、「そんなことはわからない」と、丁寧に答えた。

柴田さんは、表向きは沖縄独特の風土病にかかったのだと噂された。

風土病とは説明のつかない病気にあてられた昔の言い方で、おそらく土地に合わなかったとか、沖縄独特の天候や湿度が身体に合わなかったのだろうと、そういう風に噂された。

柴田さんは、それからみるみるうちに生気を失い、一ヶ月後には病気を理由に本土へ帰ってしまった。

童骨はその後、すべて集められてから、首里の寺でねんごろに供養されたという。

チーゴーゴー

金城《きんじょう》さんは小さい頃、オジイの背中に奇妙なものが乗っているのを見た。

それはヘルメットをかぶった血だらけの旧日本兵で、オジイの後ろで寝返りをうつかのように、ごろごろ、ごろごろと向きを変えた。

大人たちに何度も怖いと訴えたが、彼らは決まって金城さんの口をふさぎ、何も言えないようにしてしまった。

「でも、オジイの背中に重なって、チーゴーゴー（血だらけ）の人がいるってばー」

「えー、あんた、変なこというもんじゃないよ。気づかないようにしないと、あんたも夜中に襲われるよ」

一度おばさんが小声でそんな風に忠告したことがあった。

え？　あんたもって？

あれは、一体、どういうことだったのだろう？

サチコー

金城さんは実家の洗面所で手を洗うのが昔から異様に怖かった。

ただ洗面所に向かって手を洗っているだけで、なぜか急に鳥肌が立つのである。

何か、得体の知れないものが、背後にたたずんでいるような、そんな感覚。

キーブルダッチャー（鳥肌）！

振り返っても、誰もいない。こんなことが何回もあった。

周囲のものはどう思っているのだろうかと聞いてみると、家族のほとんどがその洗面所を気に入らないと思っていることがわかった。父親にいたっては、出勤前に歯を磨いていると、誰かが腰を撫でたのだという。

「お前たちが怖がると思って言わんかったけど」と父親は言った。「あそこは、おかしい」

洗面所の後ろは、ただの壁である。

そこで、まずやったことは、お札を貼り付けることだった。神社で正月に買って、居間の大黒柱に張られていたお札を、洗面所に張り替えたのである。

ところが次の日、長女が洗面台に水をためて顔を洗っていると、なぜか水の底にお札が沈んでいた。

水没したお札は、もうただの紙切れであった。当時のお札は印刷ではなく、墨汁で書かれていたため、すぐに文字が消えてなくなってしまった。

そこで次は、多少狭くなるが壁の前にカラーボックスを置いて、その中にタオルなどを強引につめて棚を作った。

だがそこに棚を置いても、金城さんの寒気は止まらなかった。またつめたタオルもカビが生えたりしたので、カラーボックスはどかされた。

「さて、しょうがないねー。呼ぶしかないねー」と母親が言った。

こうして呼ばれたのは、国際通り近くに住む下地《しもじ》のオバアというユタだった。

下地のオバアは、その場所を見るなり、「あー。ウトゥルッサー（怖い）。ウッスヤンサー（後頭部が痛いよ）」

「どうしてですか？」心配した母親が聞いた。

「ンギャマッサ（うるさいよ）」

「私がですか？」

「んーんー、違う違う。壁見てみぃ」

一同、洗面所の壁を凝視した。

「ピンザ（ヤギのこと）」とオバアは言った。

「ピンザ？　ヒージャーだねえ」金城家のオバアが本島の方言に言いなおした。ピンザとはユタのオバアの出身地である宮古島の方言だった。「どこにヒージャーがいるのかねえ」

「この家のアガンニャー（東側）で、ピンザよ、つぶしたことあるか？」

オジイは、記憶にある限り、ないと言った。

「えー、ピンザよ、カサマス（腹が立つ）。ンギャマッサ」

そのユタは、これは家の東側で過去にヤギをつぶしたことが原因だと、それだけ言い残して帰っていった。そこで遠い親戚にも当たって、この家の新築時に家の東側でヤギをつぶさなかったかどうか確かめたが、この家ではヤギなどつぶしたことがなかった。また家の東側でヤギをつぶすとたたりや呪いが起こるものなのか、誰に聞いてもわからなかった。

他のユタも呼ばれた。家から歩いて五分くらいのアパートに住んでいる五十代のおばさんで、塩と泡盛とヒラウコー（沖縄の線香）でお祓いをしたが、結局それでもよくならなかった。

そんなある日のこと。母親が外出から戻ってくる際に、何かを持ち帰ってきた。それは沖縄の喜劇の女王、仲田幸子（通称サチコー）劇団の、母の日公演のポスターであった。沖縄では非常にポピュラーな公演である。

母親は、何を考えたが、それを洗面所の壁に貼ったのである。

おかしなことに、その日からおかしな雰囲気はぴたっと収まった。

金城さんも、背筋がゾクゾクすることはなくなったのだという。

「マジムンも、サチコーの力の前にはなすすべもないんだよね」母親は死ぬまでそれが口癖だった。

今もポスターが古くなると、金城家では仲田幸子劇団のポスターをどこかで見つけては、必ず貼りなおしているのだという。

スコール

佐喜真《さきま》みどりさんがある夜、那覇の新都心公園でウォーキングをしていたときのこと。

時刻は夜十時を少し回った頃だったが、公園内には依然としてヒップホップを練習するものや、スケートボードで走り回るものなど、若者たちであふれていた。

しばらく歩くと、いきなり大雨が降ってきた。そこで少しばかり枝を広げたガジュマルの木の下に駆け込んで雨宿りしたのだが、あまり大きな樹ではなく、雨だれがポタポタと佐喜真さんの身体の上にも降り注いできた。

「アキサミヨー（信じられない）」佐喜真さんはひとりごちた。亜熱帯性気候の沖縄では、こういったスコールは夏になるとよく起こるのである。だからしばらくしたら止むだろうと、ハンカチ片手に佐喜真さんはスマートフォンを取り出してメールをチェックしたりした。

と、右側から誰かが「ばしゃばしゃ」と足音を立てて走りこんでくるのがわかった。

雨宿りに来る人のために場所を空けようと、視線を上げて足音の方を見た。

真っ白な着物の女性が、濡れた髪を振り乱しながら、ちょうど樹の横にたどり着いたところだった。うつむきながら肩で息をして、水をボタボタと地面に滴《したた》らせている。

ああ、こんな雨の夜に着物なんて、と思ったが、人それぞれ、それをおかしいと思うのはよくないと考えた佐喜真さんは、極力女性の方は見ないことにした。

「あがーっ!」

と、いきなり女性が大声で叫んだ。そして両手をあげて、伸びをした。

それから横にいる佐喜真さんのことを無視して、まるで濡れそぼった犬のように、長い髪の毛を「ぶるん、ぶるん」と振り回し始めた。おかげで佐喜真さんの顔に、多量の水滴が飛んできた。

「うがあ、あぐぐぐ、えぐぐ」

女性はそんな声で呻いている。

あ、これはもしかしたらヤバい系の人だ、と佐喜真さんは思った。

関わっちゃいけない類の人かもしれない。

やがて女性は濡れた地面にドスンと腰を降ろし、「はあああーっ!」と聞こえよがしにため息をついた。

そして蒼白な顔で、いきなり佐喜真さんの方を見つめた。

ヤバい、何か話しかけられたらどうしよう。佐喜真さんは女性とは視線を合わせないようにして、反対側を向き、スマートフォンを見ている振りをした。

雨は依然として土砂降りである。走って逃げるのには、あまりにも不自然な気がした。しばらく我慢していたが、そのうち呻き声も聞こえなくなったので、女性のいるほうへチラッと視線を向けてみた。

誰もいない。

あれ？　いつの間に移動したのだろう。

雨は依然として降り続き、周囲には白い着物の女性の気配すらなかった。

やっぱり、何かおかしかった。雨の日に着物なんて。しかも真っ白で、死装束のような感じだった。

佐喜真さんは周囲の林やベンチの向こう側にも目を凝らしてみた。だが目の届く範囲内には、さきほどの女性の姿はなかった。

きっと静かに走り去ったに違いない。

佐喜真さんに気付かれないように、大雨の中、気配を消して、静かに立ち去ったのだろう。現実主義者の佐喜真さんはそう思うことにした。

やがて雨が止んだので、佐喜真さんはフルスロットルで家まで走って帰った。

一人暮らしの佐喜真さんは、新都心のワンルームに暮らしている。部屋に戻ると、すぐさま服を脱いでシャワーを浴びた。

温かいお湯を浴びると、身も心もリフレッシュしてきた。さきほどの女のことなど忘れ、彼女はベッドに腰を降ろし、テレビをつけた。

ふと、伸ばした手の先が、何か変だった。

「え？　どういうこと？」

彼女はそのまま掛布団を捲ってみた。

ベッドの中が、バケツをひっくり返したようにびしょびしょだった。まるで水漏れしたみたいになっていた。

なぜかその瞬間、彼女の心の中に、さきほどの女性の姿が浮かんだ。

彼女は思わず悲鳴を上げた。

その瞬間、外では再びスコールがザザーッと激しく降り出したという。

なぜベッドが濡れていたのか、理由はわからなかった。彼女は新都心のその樹のあたりは二度と走るのを止めたという。

シマクサラシの夜

その年、沖縄県南部の某集落ではおかしなことが頻発した。

そこは沖縄の南部に位置する小さな村で、森になっている拝所を中心に構成されている。その森である日、一人のアメリカ軍人がピストル自殺をしたのだ。

アメリカ軍人が基地の外で自殺したことは、当然のごとく新聞やテレビでは一切報道されなかった。米軍関係者がすぐにやってきて、てきぱきと処理が行われた。死体は白塗りの米軍ナンバーのバンに乗せられて、あっという間に運ばれて行った。後日、集落の公民館には、米軍関係者からと思われる、車椅子が五つもプレゼントされた。

集落の人々は、自殺した人物がまったく知らない外国人だったし、特に村に対して何の被害もなかったので、やがて事件を短期間で忘れてしまった。自殺はよくないことだが、人間である限り起こりうることである。それにはナイチャー（本土の人）もウチナンチュ（沖縄の人）も外国人も関係ない。たまたま、その森がその時間、人気《ひとけ》がなかったせいだと、人々はそう信じた。

だがそれからしばらくして、今度は集落の若い人がそこで首を吊った。

とある家の引きこもりだった二十代の男性が、洗濯ロープで命を絶ってしまった。

この辺で、何かおかしいことに気付けばよかったのだが、あいにくと誰もがこの二つの自殺について、よもや関連性があるなどとは、考えもしなかった。

それから一ヶ月ほど経ったある日のこと。そこから一キロほど離れた隣の集落に住む十歳の男の子が行方不明になった。次の日、警察がくだんの拝所の森に入ってみたところ、くぼみのような穴の中で、コロ付きの自転車ごと転落している隣の集落の男の子を見つけた。すでに冷たくなっていた。

その夜、拝所の近くの公民館では、両方の集落の代表者が集まって会議が行われた。

みんな、思い思いの意見をぶつけたが、これといって明確な理由は見出せなかった。

だが一応、神人《カミンチュ》に視てもらおうということになった。神人とは集落に住む神事《かみごと》を行う人間のことである。

その集落の神人は池宮城《いけみやぎ》さんという名前のオバアで、彼女は自宅の祭壇に祈りながら、こんなことを言った。

「シマクサラシの儀式をやったのは、いつのことだったかあ?」

「ああ、あれはもう、二十年前じゃないですか?」区長さんが答えた。

「なぜ止めたかあ?」

「まあ、やれば良かったんでしょうが、もう神事を行うノロもこの村にはいませんし、祭事をするには、お金も人員もかかってしまう。それに儀式は年寄りしか知りませんし……」

「あいえーなー。区長よ、やりなさい。来月、絶対にやりなさい」

区長さんはそれを聞き、不本意ながら、久しぶりに集落でシマクサラシを行うことにした。

シマクサラシとは、集落に一種の結界を張る行事のことである。屠殺した牛のあばら骨にその血を塗ってから、集落の東西南北の入り口に左縄《ヒジャイナー》を使って吊るすのである。疫病の蔓延《まんえん》を防ぐ意味で、戦前はよく行なわれていたが、集落内すべての拝所を全員で回ったり、長い時間を準備に要したりしなければならないのと、またそれを司《つかさど》るノロがいなくなってしまったために、久しく行われていなかった。また衛生的な面でも嫌がるものがいた。血の滴る骨を集落に吊るすなんて、野蛮であるという若い人々も現れたからだ。

そんないろいろな理由から、シマクサラシはどの地域の集落でも、いつの間にか行われなくなってしまった。本来ならば、六年に一度、旧暦の二月二十二日に行われる大切な行事だった。だがたまたま、来月はその旧暦の二月二十二日であった。

「よし、こうなったら、シマクサラシを復活させよう」区長さんは腹を据えた。

それから、集落の青年会が中心となり、シマクサラシ復活プロジェクトという名前で、準備が進められた。牛を一頭競り落とし、その牛を屠《ほふ》って、四つのシマクサラシの骨を作った。余った肉は肉汁やバーベキューにして、集落の人に振舞った。子どもたちは大喜びで広場に集まった。

また区長さんが中心となり、集落のウタキすべてを拝んだ。神人の池宮城オバアも参加した。

行事は和気あいあいとした穏やかな雰囲気のもと、滞りなく行われた。

シマクサラシの骨も、無事に集落の東西南北の四ヶ所にしめ縄のように吊り下げられ、新聞社も取材にやってきた。区長さんは「どうしてシマクサラシを復活させたのか」との記者の問いに、「いやあ、ここ二ヶ月で三人も死んじゃったもので」とは答えなかった。「伝統文化の発展と継承のためであります」と答えておいた。

シマクサラシは一週間、吊り下げられることになった。

ところが、四日目にこんなことが起こった。

区長さんが寝ていると、突然、地面の下から激しく突き上げる「ドーン！」という振動で目を覚ました。

不穏な気がした区長さんはすぐさまジャージ姿で外に出た。

他の集落の人たちも、びっくりして顔を出していた。そこで集落に異常がないか、見て回ることにした。

しばらくすると、区長さんの携帯に着信があった。青年会の若者からだった。

「区長さん、森の拝所に来てください」

声は震えていた。

そこで区長さんをはじめ、何人かの男性がすぐさま森へと入っていった。

森に入ると、電話をしてきた若者が、懐中電灯を手にして、拝所の祠の横でへたり込んでいた。

「どうした?」区長さんが尋ねた。

相手は返事をしない。ただ震えて、しゃがみこんでいるだけだ。

「あ、あれ見て」

と、別の若者が何かを見つけて、懐中電灯でその地点を照らし出した。

祠から十メートルほど離れた枯れ葉に覆われた地点に、何かがあった。

先日、警察と一緒に子どもの亡骸を見つけた際には、おそらく見落とされてしまったのだろう。枯葉の下に、何かおぞましい臭気を発するものがあった。

野良犬だった。ちょうど三匹、首まで埋められて、その土から出た首は刃物のようなもので切断されていた。

「なんてひどいことを」と区長さんは言った。そこで警察に連絡した。

警察を待っている間、青年会の会長がやってきて、小さな声でこう言った。

「区長。あれが何だか知っていますか?」

「えー、ひどい動物虐待やっさ」

「違いますよ。あれは呪いの儀式です。ああやって犬を埋めて、顔だけ出して、上から肉片を吊るすんです。でも犬は埋められているせいで、肉にはたどり着けない。やがて犬は首を切られて、使い魔になるんです」

「使い魔って？」

「その人の代わりに言うことを聞く、呪われた邪悪な何かです」

「えー脅かすな。私はそういうの弱いんだよ」

「でもまあ、ネットの噂です。ネットで読んだだけです。単なる虐待かもしれません」

やがて警察が来て、写真を撮った。犬の死骸は、次の日に役所の衛生課が取りに来ると言ったが、不安なので、その晩は警察官が集落の中に留まることになった。区長さんは警察官を家に招き、コーヒーを振舞いながら、話をした。

「こういうことは、以前にも起きたことってありますか？」島袋《しまぶくろ》さんという名前の警察官が聞いた。

「いいえ、初めてです」

「集落の中で変質者とか、そういった人物の目撃情報とかはありませんか？」

「いいえ。まったくありません。静かな村です。観光客が通り過ぎる町ですよ」

「なるほど」島袋さんはそう言ってコーヒーをすすった。

区長さんは少し考えてから話をした。

「ここ最近、立て続けにこの集落内におかしなことが起こっているんです。最初は見知らぬ軍人の自殺。ついで引きこもりだった男性の首吊り。そして隣の集落の子どもの事故死。血なまぐさいことが起こるのは、シマクサラシを止めたからだと神人が言うもんで、いざ再開してみたら、今度はこれです。野犬を埋めてから首を切るなんて、このあたりの集落の人はやりませんよ。かといって部外者がやってきたら、みんな顔見知りだからすぐにわかるはずなんです。何かがおかしい。歯車が狂っている気がする」

「こういうのはね、だいたいが神事に関することが多いですよ」と島袋さんが言った。

「警察官をやっていると、いろんな事件に出くわす。特に沖縄の田舎に勤務していると、常識では考えられないようなおかしな事件も起こるわけですよ。理由はよくわからないけど、こういうのはウタキを壊すとか、さわってはいけない場所をさわったから起こる場合もありますよ。神がいるとかいないの問題ではなくてね、これは一種の自然のルールのようなもんですよ。さわらぬ神に祟りなしと言うでしょう。神様は不用意にさわったら祟るんですよ」

「でも、この集落のウタキはまったくさわっていませんし、改修工事さえお金がないので出来ていない状態なんです」

「そうなんですか」

「ええ。でも――ああ、あれを壊したか！」

その瞬間、区長さんはあることを思い出した。

集落の南側に奇妙な古墓《フルバカ》があった。いつ頃からあるのか、誰も知らない。村の長老に聞いても、誰も知らない。中にはかなり古いものと思われる骨が、シロアリに食われて腐敗した木箱に押し込まれているだけの、そんな墓だった。斜面に穴をあけ、そこに石で蓋をしただけの古墓だった。それをつい最近、役所の人たちが開発という名の下に壊してしまった。

そこは子どもの遊ぶ公園になるので、古墓は必要ない、もしくは教育上よくないとでも判断されたのだろうか？

そしてそこにあった多量の骨は、一体どこへ消えてしまったのだろうか？

何か気になる、と思った区長さんは、次の日、役所に電話をして確かめた。

「あの骨は処分されました」と役所の担当者は言った。

「処分というと？」

「答えられません」

「なんで、そんなわけないだろう。ただ聞きたいだけなんだけどなあ。どうやって処分されたの？」

「えーと、つまりですね、うーん……」

話を突っ込んで聞いていくと、古い骨は、そのまま肥料として再利用されたはず、という信じられない言葉が返ってきた。つまり、廃棄物として粉砕され、骨粉というマンゴーの肥料にされたということだった。

それを聞いた区長さんは、胸がワサワサするのを感じた。もしかしたらすべての原因はこれかもしれない。時期的にも最初の自殺があった日と、古墓を撤去した日はわずか一ヶ月しか離れていない。

これは名前のない古墓の祟りだったのかもしれない。

もしかしたら単なる墓ではなくて、由緒ある人物のものだった可能性は十分にある。

そこで区長さんは集落の代表者を招集し、自分の意見を述べてから、こんなことを言った。

「全部の原因は古墓を撤去したことによる、サワリ（障り）かもしれない。だとしたら古墓の人たちを慰めるために、供養祭を執り行って碑文を立てるのはどうか？」

全員一致を得られたので、シマクサラシを一週間掲げた後、今度は古墓の供養祭を執り行うこととなった。集落の人が寄付をし、墓のあった場所に碑文を建てることになり、ここに古墓があったことを示すのと同時に、小さな祠を安置した。

「古墓の人たちよ。私たちはあなたが誰なのか今もって知りません。私たちが行った非礼をお許しください。同じ集落に暮らすものとして、どうかこれからも私たちの集落を見守ってくださいますよう、心よりお願い申し上げます」

供養祭で区長さんはそのように懇願した。

それから、不審死は集落の中では一切起きていない。

「結局、シマクサラシをやらなかったせいではなかったんですがね」と区長さんは語る。

「でもあれを行ったおかげで、いろんなことがわかったのかもしれませんし、結局良かったんですよ。シマクサラシは一種のお祭りのようになって、次回も開催しようという話になってますし。

でもね、若干、不安なこともあるんですよ。ここだけの話なんですがね。集落の中で、夜になると三匹の野犬が吼えまくるけれど、姿かたちはまったく見えないっていう報告があるんです。保険所の人とも相談したんですが、そういった野犬は確認されていないんですよ。ええ、吼える声だけなんです。それと、拝所の周辺で不審な外国人が目撃されるようになりました。それと、もうわかるでしょうけど、コロ付きの自転車に乗った子どもも、よく目撃されるんです。これらは何度お祓いしてもウガン（御願＝お祈りのこと）しても、消えないんですよ。すべてを試してみたけど、ダメでした」

古いものがすべて消えても、新しいものはなぜか残るようである。

集落では、来年のシマクサラシのための準備がすでに始まっているという。

壕の話

沖縄戦での話である。

美智子さんは当時まだほんの子どもで、家族と戦場で離れ離れになった後、現在の南風原《はえばる》町にある壕（洞窟）に日本兵の一団と共に隠れていた。美智子さんの仕事は、日本兵たちの糞尿を外に捨てること。洞窟の中に溜まると衛生上よくないので、美智子さんが呼ばれ、缶の中のそれを、壕の外に捨てに出るのである。

壕の外にはアメリカ兵が沢山《たくさん》いて、見つかったら命はない。

だが日本兵の司令官もやはり人間で、死にたくはない。だからいつも民間人を使って、その役目をやらせていた。美智子さんはまだ子どもだったせいで、それをやるのは非常に嫌だったが、やらないと壕から追い出すと言われ、仕方なくそれを行っていた。

そんな美智子さんには、話をする友達がいた。本土から召集されてきた兵隊の斉藤さんという人物だった。斉藤さんは怪我をして動けず、洞窟の一番奥で寝かされていた。そこには歩けないほどの重病人がひとまとめにされていた。傷口からは蛆虫《うじむし》がわき、腐った肉と糞尿の臭いで満ちていたが、美智子さんは斉藤さんと話をするために、時間があればそこにいた。

斉藤さんは、本土のことや天皇陛下のことを、いつも熱心に美智子さんに話をしてくれた。美智子さんは、まるで知らない国のような、そんな本土の話に夢中になった。

だが壕の滞在が長くなるにつれ、医薬品も不足し、一番奥の重病人たちは、一人、また一人と亡くなっていった。

夜になるとそれらの死体は、民間人が外に運んで遺棄した。軍人だと見つかりやすいという理由だった。幼い美智子さんにはそんな体力はなかったので、あいかわらず便所当番の仕事が与えられていた。

ある昼のこと、いつものように斉藤さんの元を訪れると、彼はにこやかに微笑んで、こう言った。

「美智子ちゃん、戦争はまだ終わらないの？」

「まだ終わらないね」と美智子さんは答えた。

「早く終わったらいいのにね」

「うん」

「ああ、お母さん？」

「え、どうしたの？」

「お母さん。お母さん」

「斉藤さん？　どうしたの？」

「お母さん、お母さん、行かないで」

そう言って、斉藤さんは眠るように息を引き取った。

美智子さんは、斉藤さんが亡くなって自分が大泣きするだろうと思っていた。でも涙はぜんぜんわいてこなかった。ああ、きっと私ももうすぐこうやって死んでしまうのだろうと、そんなことばかり思っていた。

その夜、大人たちが斉藤さんを含む三人の遺体を壕の外に捨てに行った。


次の日の夜、美智子さんは夜中に兵隊に起こされた。

「お前、これを捨てて来い」

いつもの便所当番だった。美智子さんは缶を持って、壕の外に出た。

いつも捨てる場所は、近くを流れる小川と決まっている。美智子さんはそこに行くと、缶の中身を捨て、それを水で洗ってから、急いで壕に戻った。

そして壕に戻る途中、爆撃で窪んだ穴の中に、斉藤さんや他の死者がゴミのように捨てられているのを発見した。

彼女はさすがに悲しくなって、急いで壕に戻ると、自分がいつも寝ている冷たい洞窟の岩の上に横になり、シクシクと泣いた。

泣くのも収まると、傷病者の呻き声が聞こえた。どこか遠くで、砲弾と銃撃と爆発の音もする。どこか遠い国の出来事なのかもしれない。美智子さんはすぐに眠りに吸い込まれた。

それから一時間も経たないうちに、美智子さんは声を聞いた。

「水を……水を……」

暗闇の中、かすかな明かりでシルエットだけが見えた。

「斉藤……さん?」

美智子さんの意識が、そのシルエットと声の何かに反応した。

誰かがローソクを灯した。そこには五人ぐらいの人が立っていた。先頭にいたのは、斉藤さんだった。

「水を……水を……」彼らは口々に呟いていた。

すでに死んだ者ばかりだった。

「信じられねえ。あいつら、死んだはずじゃ……」

他の日本兵がひきつった声で呟くのが聞こえた。美智子さんは背筋に冷たいものが走り、すぐさま顔を伏せて寝た振りをした。彼らは水をくれと呟きながら、やがて壕の一番奥に消えていった。

朝になると、壕の連中は夜中の幽霊話に持ちきりだった。美智子さんは、いつもの便所当番で司令官に呼ばれたとき、彼らが部下と話をしているのを耳にした。

「鬼畜米英もいるのに、今度は呪われた幽霊兵士なんて、頭がおかしくなってしまいそうです」

「幻覚に決まっとるじゃないか。どうしてそんなことを気にする。戦争の幻覚だ」

「でも多くの兵士が見たって言ってます」

「士気の下がるような話はするな！」

美智子さんは、それを聞きながら、「幻覚なんかじゃない」と思った。

そしていつものように小川に缶の中身を捨て、帰りに窪地へと向かった。斉藤さんの死体はやはりそこにあって、死体の数は昨日より増えていた。

それから毎晩のように、水を求めてくる死者たちが壕に現れた。一度、彼らに向かって兵隊が何発も発砲したのを美智子さんは見た。だがそれは一発も当たらなかった。また水をやろうとした民間人もいたが、なぜか幽霊たちはそれに気づかず、洞窟の奥へと消えていくだけだった。

それからしばらくすると、司令官の命令で南へ避難することになり、美智子さんたちは壕を出た。だがすぐさまアメリカ兵に見つかり、日本兵たちは応戦した。何名も死者が出て、民間人も数多く死んだ。美智子さんが覚えているのは、血を流した司令官が、森の中で倒れて、美智子さんにこう言っていたことだった。

「水を……水をくれ……水を……」

ああ、人って死ぬときはみんな一緒なんだ。

水が欲しいのね。

美智子さんは倒れている司令官に、水筒の水を上げた。

でも司令官の男性は、水が飲めなかった。

人が皆行くべき道を、行ってしまった後だった。

美智子さんたちはそのまま捕虜になり、生まれて初めてオートミールというものを食べたという。それは牛乳の味がして、とてもおいしかった。

斉藤さんにも、司令官さんにも食べさせてあげられれば、良かったのに。

今でも美智子さんは、心底そう思う。

食べさせてあげられれば、死なずに死んだかもしれないね、斉藤さん。

現在はその壕は埋まってしまい、すでに場所もわからなくなっているという。

日本兵とユンタク

糸満市の大城《おおしろ》マカトさんの住んでいる公団住宅の部屋には、日本兵がよくユンタク（おしゃべり）しにやって来る。

マカトさんはすでに八十歳。たまに仕事を抜け出して孫のアンナさんが様子を見に来ると、マカトさんは仏間のちゃぶ台の前に座りながら、四人分のお茶とお菓子を出して、一人で喋っているという。

「オバア、誰か来ているの？」と聞くと、マカトさんは大真面目な顔でこう答える。

「えー、兵隊さんが、忙しいのに、せっかく来ているんだよー。アンナー、邪魔しないで。そこは兵隊さんの席だよお」

見ると、アンナさんの足元には、綺麗な座布団がいくつも置かれてある。

「ごめんごめん。邪魔しないよ」そう言いながら、アンナさんはちゃぶ台の横を通り過ぎて、台所にある冷蔵庫まで行く。

「オバア、今日国際通りのいつもの店でてんぷらとアンダギー買ってきたから、食べてね。お母さんの作ったジューシー（沖縄風まぜごはん）も入れとくね」

「ああ、アンナーはよ、偉いさ。兵隊さんもそうだと言ってるよお。こんなにオバア孝行な孫はいないさあねえ」

アンナさんはちゃぶ台の前で一人ニコニコするオバアを見て、まあ、いつものことだから、と思う。


マカトさんが日本兵と喋るようになったのは、オジイが亡くなって、この公団住宅に一人で引っ越してきたときに遡《さかのぼ》る。

オジイが亡くなったとき、マカトさんは北部に住んでいたのだが、娘夫婦が住んでいる南部の糸満市の家に引っ越してきてはどうかと、アンナさんのお母さんが提案したのだ。齢《よわい》八十でも沖縄戦を生き延びた、独立心あふれるマカトさんは、いや糸満市に引っ越すのはいいけれど、一緒に暮らすのは負担をさせるから、近くに住むと言い張った。そこで出た妥協案が、娘夫婦の家の目の前にある公団住宅への入居だった。さいわい抽選ですぐに入ることができ、しかも一階だったことから、足腰の悪いマカトさんにとっても娘夫婦にとっても、ありがたいことだった。

だが引っ越してきてから孫のアンナさんは、その部屋についていろんな噂を耳にした。その部屋は、入居者が入ってもすぐに引っ越してしまい、誰も借り手がつかなくなっていたという。

理由は、あの部屋には「ヤナカジ」が出るから、というものだった。

ヤナカジは方言で「嫌な風」、つまり悪いもののことを指す。

引っ越してきた後にそんな話を聞いたので、娘夫婦はどうしようかと悩んだが、もしマカトさんが引っ越したいと言ってきたら、すぐにも転居先を探すつもりでいた。

だがマカトさんは、その「ヤナカジ」を嫌わなかった。言葉を変えて言えば、どうやらそのものと友達になってしまったようだった。

最初、マカトさんは夜、うなされているという話をアンナさんに語った。

「うなされるって、何か見たりしたの？」

「それがよ、毎日のように、兵隊さんが夜中、台所のほうから歩いてくるさ」

「えー、それは怖いよ、オバア。引っ越そうね。お母さんにもそう話すから」

「えー、なんでそんなことを言うかー。あの兵隊さんは、何も悪いことをしなかったんだよ。そんな風に除け者にしたらいかんさ。イチャリバチョーデー（人類みな兄弟）の沖縄であるさ。だから、そんな風に言うのはデージ失礼ヤイビータン」

アンナさんは、オバケが出る部屋にオバアを引っ越させてしまったと、さっそく両親に相談した。

だがアンナさんの母親、つまりマカトさんの娘である昭子さんは、自分の母親の頑固さを知っていた。

「でも母さんが引っ越さないって言うんだったら、梃子《てこ》でも動かないわ。あの人はそういう女性なの」

「えー、でもママ。あの部屋、オバケが出るんだよ。オバアが呪い殺されたりでもしたら大変さ」アンナさんは心配になってそう言った。

「あの人が呪い殺される？　それはないね。言っておくけど、うちは首里のノロ（神女）の子孫なんだよ。あの人はきっとうまくやるでしょう。引っ越したいって言ったら、引っ越しましょう」

アンナさんの母親はそんな風に言って、口をへの字に曲げて困った顔をした。

　それからしばらくしてアンナさんが様子を見に行くと、例のちゃぶ台でのおもてなしが始まっていた。

「兵隊さんが来てよ、いろんな話をするわけさ」アンナさんが公団住宅に行くと、マカトさんが嬉しそうにそう言った。

「だからあんたは、日本酒を買っておいで。あとウィルキーも飲みたいって」

「ウィルキー？　ウィスキーね？」

「そうそう。ジャック・ニコルソンを買ってきて」

「ダニエルズね」

「このカタオカさんは、バーにも行きたいっておっしゃって、まあ、行けないだろうから、せめてこのマカトオバアの家では、くつろいで欲しいさー」

「まさか。誰もいないやし！」

「えー、あんたは失礼な孫だね。たくさんいらっしゃる。ウトゥイムチ（おもてなし）しないといけんさー」

　そこでアンナさんは仕方なく近くのスーパーで、日本酒とウィスキー、それにお菓子とお饅頭《まんじゅう》を買った。それを持って部屋に戻ると、マカトさんは一人で喋って、笑っていた。

ああ、マカトオバアはきっと、頭がおかしくなってしまったに違いない。その様子を見て、アンナさんは深い絶望と悲しみに襲われた。人はこうやって老いていくものなのかもしれない。ああ、優しかったオバアが、ついにおかしくなってしまった。

一つのちゃぶ台に、酒の入ったグラスが五つ。誰も座っていない座布団も五つ。そして笑うオバア。

アンナさんはだんだん悲しくなってきて、マカトさんの横でしくしく泣いた。

「あいえーなー、何でお前は泣いているかあ?」マカトさんが言った。

「ううん。何でもない」

「……えー、あー、そうね?」急にマカトさんは見えない隣の人と喋り出した。

「カタオカさんがよ、あんたは急に私の頭がおかしくなったと思ってるって。そうなのかい」

「だってオバア。誰もいないのに、一人で会話してるばー。どうしたらいいのかわからない」

「えー、あんたは余計な心配せずに、頑張りなさい」

オバアはそう言って、アンナさんに千円、お小遣いをくれた。

家に帰り、そのことを母親に相談したが、相手はそのことをさほど重要なことだとは思わなかった。

「本当にボケるよりマシじゃない？」と昭子さんは言った。

「違うよ、ママ。あれは本当にボケているんだってば」

「いや、きっとあの人がいるっていうんなら、いるのよ。そう信じなさい」

信じなさいと言われても、そう簡単に信じることなど出来そうもない。そして、もし現実にソレがいるのだとしても、ソレは神様ではなくて、死んだ日本兵である。決して気持ちのいいことではない。

「オバアも話し相手が出来て良かったね」とその話を聞いた父親も冗談めかした口調で言った。

「それは……かなり違う話やし」アンナさんは反論した。

でも、アンナさんはその後、一度だけ変なものを見た。

八月の暑い夜。マカトさんの部屋ではクーラーの代わりに扇風機がいつもうなりを上げている。開け放した窓からは、若干湿気を帯びた涼しい風が、部屋の中を通り過ぎていく。その夜は親戚十人くらいがマカトさんの家に集まっていた。オジイの命日だった。

そんな中、アンナさんは妹と一緒に居間のちゃぶ台の前で携帯ゲームをいじっていた。と、一人の親戚がやってきて、開け放たれた窓に寄りかかって、タバコを吸い始めた。

その親戚はマカトさんに悪いと、外に向けてタバコの煙を吹かしているつもりだったが、風はあいにく部屋の中に流れていた。タバコの煙はぜんぶ部屋の中に戻され、扇風機がそれをさらに攪拌《かくはん》した。

その時にアンナさんは見たのである。

扇風機に攪拌されたタバコの煙が、居間の蛍光灯の下にモヤとなって立ち込めた。

その瞬間、五、六名の兵隊だとわかるシルエットが、モヤの中にはっきりと浮かび上がった。

妹もそれをはっきり見たという。

二人は顔を見合わせて、しばらく動くことも喋ることもできなかった。

「そこにさっき、兵隊の影が見えた！」

しばらくして悲鳴を上げながら、二人は親戚たちに向かって言った。

「だから、いるって言ったでしょう？　どうしてマカトの言うことを信じない？」とマカトさんが言った。

「呪われたりしない？」

「するもんか。この人たちはもうすぐ上にあがるって言ってた。だから心配しないでいいさ」

そう言われても、アンナさんの恐怖は増すばかりであった。


それから、マカトさんの部屋に行くときは、アンナさんはかならず、「ヤナカジ」のために、何か一品持っていくのが慣習となった。オジイの仏壇の端のほうに、日本酒やお饅頭などをそっと置くのである。

ところが、ある年の夕暮れ、アンナさんが部屋に行くと、なんだかマカトさんの元気がないように見えた。

「オバア、どうしたの？」

「アンナーよ、寂しいさー。今日の朝、みんな旅立って行きよったさー」

「みんなって、兵隊さんがね？」

「そうさー」

「そうね。でもそれは良かったんじゃないの？　ここにいても、あの人たちの永住するところじゃないでしょう？」

「それはそうさ。でも話し相手がいないのは辛いさ」

マカトさんは両目を涙でウルウルとさせながら、切々とアンナさんに話した。

「大丈夫。私も妹もいるよ。ママだっているし」

そのとき、どこかで鈴の音が鳴った。

チリンチリンチリン！

とても小さな音だが、高い音だった。音の鳴っている場所を探すと、マカトさんのハンドバッグに付いている、直径一センチくらいの小さなアクセサリーの鈴が鳴っていた。

チリンチリンチリンと、鈴はしばらく鳴り続けた。

「なんでー、気持ち悪い」アンナさんは鈴を見てそう言った。

「これはきっと、あの人たちのお別れの鈴だはずね。ああ、悲しいさあ」

マカトさんは泣きながらそう言った。

付け加えるならば、後日こんなことがあった。

五年後のある日のこと、マカトさんは急性心不全で倒れ、そのまま南部の病院で静かに息を引き取った。

遺体を糸満の公団住宅へと運び、アンナさんと両親も一晩、葬式の準備や弔問客の対応に追われた。

夜中、アンナさんが疲れて、例のちゃぶ台の前で食事を取っていた。すると、マカトさんのハンドバッグの鈴が、またぞろ鳴りだしたのである。

チリンチリンチリン！

まるでさよならを言っているような音色だった。

「きっと祖母は、グソー（死後の世界）で楽しく暮らしているはずです。向こうには兵隊さんのお友達もいるし、とにかく祖母は独立心あふれる、素敵な女性なんです」

マカトさんの仏壇には、ハンドバッグから取り外された小さな鈴が、今も大事に飾られている。

すいませんねえ

佐敷のとある山の上に、古墓《フルバカ》が三つほどある。巨大なガジュマルの横に小さな洞窟が三つあり、それぞれに十柱ほどの遺骨が古いジーシガーミ（骨壷）におさめられている。その中の一つの墓だけは、血筋のものが戦争でみな死んでしまったせいで、無縁墓となっている。残りの二つは現在も先祖が生きている、いわゆる門中墓《ムンチューバカ》で、遠縁の親戚が旧盆になると掃除や花をお供えに来る。

禱《いのり》さんもその家系の末裔である。

二〇〇七年の旧盆のこと。禱さんの一家が山を登って、門中墓に向かった。禱さんたちの親戚は、他の二つの古墓とはまったく関係がないものの、お隣さんだということで、旧盆には一緒に掃除したり、お花をお供えしたりしていた。

その日、禱さんが無縁になってしまった古墓を一人で掃除していると、知らないおばさんがニコニコしながらやってきて、いきなり話しかけられた。

「ほんとうに、いつもすいませんねえ」

「あ、はい」

てっきり下の集落の人が、誰も手を合わせない古墓を哀れだと思ってやって来たのだと思った。なぜなら過去にそんなことが何度もあったからだ。

おばさんはニコニコしながら古墓に近づくと、墓を閉じている大きな石を「よっこらしょ」と持ち上げて、そのまま中に入り、再び伸ばした片手で蓋をひょいっと閉めたという。

禱さんは固まってしまった。

「え？」

自分の見たものが信じられなくて、二、三秒ほど、言葉も出なかった。

墓を塞いでいる石はとうてい女性が一人で持ち上げられるものではなく、中から伸ばした片手で蓋を閉めるなどというのは、どう考えても不可能であった。

急いで親戚を呼んで、今見たことを語った。

念のため、墓を開けてみたが、それらしい人物などもちろんいない。

その代わり、おかしなことに今採ってきたばかりのハイビスカスの花が一輪、まるで禱さんに気付いて欲しいとでもいうかのように、ジーシガーミの上にちょこんと置かれてあった。

ヒーゲーシ

大嶺《おおみね》さんがまだ幼い頃の話である。夕刻、朱に空が染まる頃、自転車に乗っていた大嶺さんは、今にも夕陽が落ちる集落の後ろから、何かが発光してきらめくのを目にした。なんだろうと思い眺めていると、一筋の銀色の光球が凄いスピードで飛んでくるのが見えた。それはそのまま近くの電信柱に衝突し、その横の変圧器が火花を上げてショートした。

バシーン！　バチバチバチ！

凄まじい音と火花を上げながら、変圧器は大破した。

翌日、電力会社の人が変圧器の工事にやってきた。工事の人間が電信柱から降りてくる頃合を見計らって、大嶺さんは彼らに話しかけた。

「えー、これってさー、ふん、なんで爆発したか、ふん、知ってるばー？」

「ああ、これか？」と電気修理の男性は答えた。「これの原因は塩だよ。この前の台風で塩が変圧器の中に入ってショートしたんだ。よくあるんだよ」

「えー、違うばー。あっちの山からさ、ふん、火の玉が飛んできて、命中したんだよ」

「へえ、そうなんだねえ」

工事の人間は子どものたわごとに付き合うほど暇ではなかった。二人とも笑いながら、車に乗って帰っていった。

悲しくなった大嶺さんは、当時の区長である安富祖《あふそ》さんにその話をした。

「区長さん、僕見たんだよ。火の玉が、ふん、飛んできてさ、ふん、あのさ、変圧器を、ヒーバチチさせたんだってば」

「おお、お前は本当に見たんだね」

「見たよ、ふん、あのさ、はっきりと見たってば」

「ああ、お前、知ってるか。そこの山はヒーザン（火の山）といって、昔からあそこにいるマジムンが、ヒーダマ（火の玉）をこっちの集落に投げつけてくる。だからヒーゲーシ（火返し）で、シーサーを置いてそれを守ってもらっていたんだが、シーサーは先の大戦でどこかへ消えてしまった。良かったよ。お前が言ってくれたおかげで、この村には新しいヒーゲーシが必要だって、そういうことに違いない」

ちょうど集落の公民館に、もともとどこかに安置されていた一メートルくらいのシーサーが一体、使われないまま放置されていた。どうやら戦後作られた新しいもののようであったが、誰もこのシーサーについてのいわれを知らなかった。そこで区長は町内会議を開いて、そのシーサーを移動させて、ヒーザンに向けて安置することにした。

これできっと火の玉は飛んでこないだろうと、幼い大嶺さんもそう思った。

ところが、それから何度も事故が発生した。

曲がり角にシーサーが置かれたせいで、曲がりきれずに横を擦ったり、あからさまにぶつかる車が頻発した。一度などは宅急便のトラックがバックした際に不注意でシーサーと衝突し、根元のコンクリートの台座から外れてしまった。そこで少し離れた場所に設置し直したのだが、そこでも観光客の車が衝突してしまったり、いつの間にかゴミが風で集まってきて、汚い場所になってしまった。

その後シーサーは移動させられ、集落のはずれにある大嶺さんの家の横にある空き地に、ひっそりと置かれることになった。

二十歳になり、運転免許を取った大嶺さんも、初めて車をぶつけたのは、やはりこの空き地だった。

法事で家にお客が来るので、車を移動させようとして、シーサーと接触してしまい、ひびをいれてしまったのだ。


その後のこと。

集落の字誌を制作するというので、村の古老などから詳しい聞き取り調査がなされた。その時になって初めて、シーサーの造られた本当の意味を集落の人々は知った。

それは字誌《あざし》を制作している印刷会社のデザイナーが、ちょうど隣町に住む古老から聞いた話であった。

その古老によると、大嶺さんの集落の公民館に置かれたままだったシーサーは、実は隣の集落のものであった。

戦後、隣の集落に住んでいたある人物が、飲酒運転で人をひき殺してしまい、出所してから罪滅ぼしのためにそのシーサーを彫ったという。シーサーを彫り上げてから、その人は首を吊って死んでしまった。それで、おおやけにシーサーを飾ることも出来ず、かといって捨てられもせず、いつの間にか隣町の公民館の片隅にひっそりと置かれていたらしい。

「アレはね、車を呼ぶんだよ。わかるね？　アレには車で人をはねた人物のマブイ（魂）が入ってる。だから車を呼び寄せるんだ。あれは本当は触っちゃいけないものであるわけさ」

それからその話は字誌に収録されないまま、今に至る。

そのシーサーは現在では隣町の公民館に戻り、山とは関係のない方向を向いている。

一方、大嶺さんの住む集落では、昨年あたりから火事が多発したので、新しいシーサーを作って公民館に奉納したところ、現在まで火事は起こっていないという。

フェンスの向こう

日曜日の昼下がり、十歳のみちるちゃんはフェンスに沿ってぶらぶらと歩いていた。

そのフェンスの向こう側は米軍基地で、彼女の家はそのフェンスから五メートルほどの真横にあった。

と、米軍基地内の茂みのある場所にさしかかると、その中に誰かいるのがわかった。

年の頃十歳くらいの、みちるちゃんと同じ背丈ほどの外国人の少女だった。

金髪の小さな人形を抱いて、なぜか全身血だらけであった。

びっくりしたみちるちゃんは、日本語で話しかけた。

「わあ、どうしたの？　怪我したの？」

女の子は何も言わない。無表情でたたずんでいる。

やがて少女は藪の中に潜って、消えた。

それから数日後、近くに住む主婦のさちこさんが、買い物帰り、フェンス横を通った。

すると、どこからか蚊の鳴くような声で、こんな言葉が聞こえた。

「エクスキューズ・ミー……」

英語で、小さな女の子の声だった。みると、フェンスの向こうに、金髪の人形を大事そうに持った、黒髪の少女がたたずんでいる。全身赤と白のまだら模様の変なドレスを着ている。

「あれー、アメリカーの女の子だねー。どうしたのー？」

少女は歯を見せて何かモゴモゴと言ったが、聞こえない。

今気付いたが、歯は真っ赤で、血だらけだった。

やがて少女は藪の中に入って、消えていった。

しばらくして、米軍基地中のMPたちが、大挙して藪の中を捜索し始めた。しまいには陸軍のジープに、スコップを持った者たちが大挙してやってきた。フェンスには向こう側からブルーシートがかけられ、中を見ることが出来ないようにしてしまった。町内の人はあまりのものものしさに、フェンスのこちらから事態を見守るしかなかった。

しかしみちるちゃんは、フェンスの真横にある、アパートの三階に住んでいた。ブルーシートの向こう側の様子を全部、家族と一緒に見ていた。最終的に土の中から何かが掘り出されたようで、小さなブルーシートにくるまれた子どものようなものが運ばれていくのが見えた。そのあと、すぐにブルーシートは取り払われ、フェンスの向こうの藪は何事もなかったかのように平静を取り戻した。

当時の区長が基地の広報に何があったのかと問い合わせをしたが、単なる工事であるとしか回答を得られなかった。

結局、そこで何が起こったのか、フェンスのこちら側の人間でそれを詳細に知っているものは、今のところ誰もいない。

それから半年ぐらい後に、みちるちゃんが友達とその場所を通ると、藪の木の元に、赤いシミのついた、あの金髪の人形が立てかけてあった。

ところが塾に行った帰り、おおよそ四時間後にその場所を通ると、もう人形はなかった。

それから何年かの間、血だらけの外人の少女が、そのあたりのフェンスの向こう側で目撃されたという話が伝わっている。何件かは近くの交番を通じて正式に通報されたというが、いずれにしても基地の中のこと、詳細は今に至るまで不明である。一説によると、ＰＴＳＤ（心的外傷後ストレス障害）に悩まされたある軍人が、自分の娘を殺して、この辺りに埋めたという話が伝わっているが、都市伝説レベルの話で、定かではない。

そのせいか何なのか、現在は藪は刈り払われ、美しい芝生の丘になっている。夕方になると、米軍のラッパの音が鳴り響く、平和な町の話である。

白い馬が跳ぶ

スコット・スノッドグレスさんという人物から聞いた話である。

沖縄県浦添《うらそえ》市には、キャンプ・キンザーがある。ここは沖縄戦で戦死し、のちに名誉勲章を受章したエルバート・キンザーという伍長から名前が取られたアメリカ海兵隊の基地である。

当時、スノッドグレスさんは夜勤のパトロール要員だった。その夜は詰め所で、アメリカのテレビ「サタデー・ナイト・ライブ」の録画されたビデオを片目で見ながら、同僚と一緒に他のカメラをチェックしていたという。

と、夜中の二時を回った頃のこと。同僚がいきなり「スコット、あいつは一体なんだ?」と甲高い声で言った。

同僚が見ているモニターには、夜中には閉門されているゲートの近くに、真っ白な一頭の馬が映っていた。

「馬だぜ」とスノッドグレスさんが言った。

「知ってる」と同僚。

「どこかから逃げたのか？」

「というか、キンザーに馬がいたか？」

二人とも、とりあえず上官に報告を入れてから、ジープに乗ってゲートに向かった。

すると、ゲートの近くの街灯のない芝生の上に、一頭の馬がたたずんでいるのが見えた。まるで彫像のような不気味な白さだった。そして誰かがそれにまたがっているのが見えた。

「ありゃ、誰かいるぞ」同僚が言った。

すると、いきなり馬はジープに向かって猛烈に走り出してきた。音はまったくしなかった。

「クソ！」とスノッドグレスさんは言った。このままでは馬と衝突してしまう。

すると、その馬はジープの手前二メートルくらいの場所で大きく跳ね上がったかと思うと、そのまま飛び越えた。

だが反対側には着地しなかった。どこにもいないのである。

びっくりした二人がジープから降りても、馬は忽然《こつぜん》と消えていた。

その後、二人は報告書を書かされ、手続きに従い、上官の前で個別に尋問された。

「それは、どんな人物が乗っていたんだね？」と上官が聞いた。

「えーと、黒っぽいゲートルを履いて、顔つきは明らかに東洋人でした。沖縄に配置される前に、分隊のブリーフィングで説明された、沖縄戦当時の旧日本軍の司令官みたいな格好でした」

「よろしい。この件はなしだ。忘れろ」

「忘れたほうがよろしいのですか？」

「アメリカ海兵隊は幽霊など相手にしないということだ。以上」

その後テープは破棄されて、何も残っていないという。

すばるれおーねえ

昭和四十年代の話。沖縄のユタは、時折いろんな名前で呼ばれる。ムヌシリーというのも、ユタを指す言葉の一つである。熱田《あつた》みちこさんはその日、那覇から北中城にあるムヌシリヤー（物知りの家）を訪ねていた。

そこは昔ながらのかやぶきの平屋で、入り口にはすでにたくさんの人々がいて、敷かれた茣蓙《ござ》の上で思い思いの格好で座りながら、順番を待っていた。

熱田さんは入り口の混雑ぶりを横目に眺めながら、自分は比較的空いていた外のガジュマルの木の下の茣蓙に座り込んだ。横には痩せたオジイが一人、座っていた。

「どこからね」としばらくすると、オジイが言った。

「はい、那覇からです」と熱田さんは答えた。

「那覇あ？　那覇からね？」

「はい、そうです」

「どうやってきたね？　バスぐゎー乗ったのか？」

「いいえ、車できました。自分の車で」

「自分の車ぐぁーな？　どこね？」

「あそこの、スバル・レオーネです」

「すばるれおーねえ？」

こんな具合でかみ合わない会話が続いた。

「あんた、名前はなんね？」

「私ですか、熱田みちこと申します。オジイはなんていわれるんですか？」

「自分は北中城のナカシロタイゾウっていいます」

「オジイは何をお聞きに来られたんですか？」

「いや、わしじゃなくて、家族が中にいる。もうすぐ出てくる」

「そうですか」

「ところで、あんたは何を知りたいかあ？」とオジイが言った。

「はい、実は最近、家でいろんなことがありましてね。それが親戚のサーダカー（霊感のある人）に聞いたら、七代前の先祖が何か言っているっていうもんだから、こうやって本物のムヌシリーに一度聞いてみようと思って、来たわけですよ」

「ああ、ムヌシリーな。中にいるよ。さあて、何を言われるか、わかったもんじゃないよお」

オジイはそういって豪快に笑った。

熱田さんもつられて笑った。セミが頭上でうるさく鳴いていた。

その時、「熱田さーん」と、受付の女性に名前を呼ばれた。熱田さんは返事をして立ち上がり、オジイに「お先にしましょうね」と言った。

「わったーも楽しかったさー。ニフェーデービル（ありがとう）」

「どういたしまして」


そう挨拶をしてから、熱田さんは建物の中に入った。

ムヌシリーのいる部屋のほうへ行くと、廊下を黒い枠のモノクロ写真を抱いた女性が前方から歩いてきた。いわゆる仏間に飾る写真である。その写真を見たとき、熱田さんは思わず写真の目が生きているのではないかと思ってしまった。

「すいません。その写真の男性！」と熱田さんは言った。

「はい？」

「兄弟がいらっしゃいますか？　さっき外のガジュマルの木の下に座っていた男性と瓜二つ。いや、まったく同一人物といっていいと思います」

いや、そんなはずはない、とその女性は言った。二人で急いで外に出てみると、ガジュマルの木の下には誰もいなかった。

「気のせいか」

多分、似ているオジイをそう思ってしまったのだろう。

熱田さんは「見間違いでした。どうもすみません」と女性に謝り、ムヌシリーの待つ部屋へと向かった。

ムヌシリーは八十くらいのオバアで、熱田さんを見ると、テーブルの向かいの座布団に座らせ、熱い緑茶を振舞った。

「ところでよ、あんたに伝言がある」と開口一番、そのムヌシリーが言った。

「何でしょうか？」

「さっきの男性がよ、ありがとうって言ってる」

「さっきの男性？」

すると、ムヌシリーがまじめな顔で、熱田さんの目を覗き込みながら、こんな言葉をささやいた。

「すばるぅ、れおーねえ」

「ひえっ！」それを聞いた熱田さんは、胸に何かが詰まってしまうのを感じた。

「これ言えば、わかるってよ」

「その男性……どこにいるんですか？」

ムヌシリーは空を見上げてこういった。

「上がっていったさー」


テーブルの上に置かれた線香の煙も、いつの間にか部屋から出て、青空の彼方へと上っていく途中だった。

今でも熱田さんは、そのメーカーの車を見ると、その時のことを思い出すという。

チックフ

大城《おおしろ》さんは、チックフに取り憑かれている。これはつまり、それについての話だ。

大城さんの実家のトイレは、家の外にある。玄関を出て、しばらく家の敷地内を歩いた裏手にあった。フール（トイレ）の小屋の後ろは鬱蒼とした森で、照明もなかったせいで、夜中フールに行くには懐中電灯を必要とした。

大城さんが八歳くらいのときのことである。夜中、どうしても小用を足したくなった大城さんは、母親を起こしてフールに連れて行ってもらおうとした。

「母ちゃん、しっこ。フール行きたいよお」

そう言って隣で寝ている母親を起こそうとした。何度言っても起きないので、手で揺すって起こそうとした。だが、暗がりで見る母親は、なんだか別のものに見えた。

まるで干からびたミイラか老木のようなものが、母親の寝巻きを着て、そこに横たわっていた。

大城さんは全身に脂汗《あぶらあせ》をかきながら、恐怖に固まってしまった。すぐに目をつぶり、「これは夢だ、夢だ……」と心の中で呪文を唱えた。

やがて寝たふりをしながら、薄目を開けて母親の姿を見た。

頭のある場所には、なんだかシワシワでモジャモジャしたものがあった。どう見ても母親の頭部ではない。例えて言うと、枯れ木にトウモロコシの毛を被せたようなものだった。

やがて母親のふりをしたものが、ゆっくりと寝返りを打ち、大城さんのほうをジロリと見つめた。

シワシワの表面に、二つの人間の目だけが、妙にぬめぬめと光っていた。大城さんは、ヒャッと心臓を掴まれた思いがしたが、そのまま目をつぶり、寝たふりをした。

しばらく、息を殺して、死んだ真似をした。目を開けていられなかった。

どのくらい経ったのだろうか。外でヒヨドリが鳴き始めた頃、ゆっくりと目を開けてみた。

するとそれは、いつもの母親に戻っていた。

その瞬間、一気に膀胱《ぼうこう》がおかしくなり、泣きながらおもらしをしてしまった。

やがて家族が起きてきて、ただならぬ様子の大城さんを見て、一体何があったのか尋ねた。大城さんは昨夜見たことを、子どもながらに微に入り細にわたって一生懸命説明した。

話を聞き終わると、母親が言った。

「まさかやー。あんた、それはチリチリ頭のミイラみたいだった?」

「そうだよ。ずっとこっちを見てて怖かった」

「ダール。心配かけたね。お前のせいではないよ」

そういって母親は大城さんのことを抱きしめた。

大城さんは意味がわからなかった。それでも母親をはじめとする大人たちには、意味は十分なほど伝わっているようだった。

それからしばらくして、大人たちがフールの後ろにある森に集まって、何かしているのを大城さんは見た。

「何してるの?」大城さんは父親に聞いた。

「ここにある神様が怒っていらっしゃるようだ。だから村ウガン（村拝み）をすることにした」

父親は淡々と説明した。

村中の人が森に集まり、ノロが中心となって拝みが行われた。

大城さんはその時初めて森の中に入ったのだが、中心には小さな祠《ほこら》と古い井戸があり、大人たちが周囲の草を刈ったり、井戸を掃除していた。やがて着物を着たノロたちがやってきて、祠の前に茣蓙《ござ》を引いて、ウガンが始められた。そしてその中に、大城さんの母親がいるのが見えた。母親が村のノロだったとは、大城さんはそのときまで知らなかった。

やがてノロたちがグイス（祝詞）を唱え始めた。

その時、木の上に何かがいるのを大城さんは見た。

フクロウである。リュウキュウコノハズクという名前のフクロウが三羽、枝にとまってこちらを傍観していた。だが何か様子が違う。フクロウにはそれぞれ、しわくちゃになった三つの異なる人間の顔が張り付いていた。あの夜に見たおぞましいシワシワのものと同じような感じがした。

「父ちゃん、アレ！」

大城さんは父親に抱きつきながら、木の上のものを指差した。

「ああ。チックフ（方言でフクロウの意）」と父親が言った。「三羽いる。あれがどうした？」

「父ちゃん、怖いよ！」

「ああうん、チックフは怖くない。人間を襲ったりしないよ。安心しなさい」

「違うってば……」

やがてチックフは、昼間なのに、低い声で鳴き始めた。

チックフ、チックフ。

チックフ、チックフ。

大城さんは一人抜け出して、家の中に戻り、押入れの中でずっと震えていた。

それから、何かがおかしくなってしまった。なぜか大城さんはその日からチックフに取り憑かれたのだ。

やがて大城さんは中学生になり、バレーボール部に所属した。ある日、体育館で練習試合をしていると、先生たちが体育館の隅に集まってきて、天井を指差しながら話し合っているのが見えた。

何かただならぬ雰囲気を感じ始めた部員たちは、試合を中断して、先生の下に集まった。

「チックフやっさ。どこから入ったかなあ……」

一人の先生が見上げていった。

見ると、体育館のアーク灯の横に、リュウキュウコノハズクが一羽、ちょこんととまっていた。

大城さんは、小さい頃のチックフの体験を思い出した。そして見ていると、そのチックフにも顔がついているように見えた。今度ははっきりとした女性の顔だった。鬼面とでもいうのか、怒りに溢れた目つきの恐ろしい女性の顔だった。

と、思う間もなくチックフはアーク灯の横から飛翔して、一気に大城さんの方めがけて降下してきた。

あぶない！

大城さんは思わず顔を庇《かば》いながら、その場に倒れこんだ。

チックフは、倒れこんだ大城さんの横十センチのところを横切り、そのまま体育館の外へと消えていった。

母親にそれを話すと、すでに夕方であったが、大城さんは家の後ろの森に連れて行かれた。

「はい、拝みなさい」と祠の前で母親が言った。

「嫌だよ。やり方わからんし」

「えー、言うことを聞きなさい。やり方は問題じゃなくて、あんたが祈りたいかどうかが問題だよ」

そこで仕方なく祠の前に座って、ボソボソと喋り始めた。

「えー、あのー、私はー、えー、まだ中学生なもんでー、えー、チックフに襲わせるのは、やめてください。えーと」

「あんたフラー（馬鹿）よ。もっと違う意味のこと、喋りなさい。まず自分のこと話して、それから心の耳を澄ませなさい」

そこで大城さんは、自己紹介をし始めて、それから、これからどうしたらいいか、神様に尋ねた。

心の耳を澄ませたつもりであったが、何も聞こえなかった。

大城さんは、これだけ自分が祈ったのだから、神様が姿を現すか、心の中に声がはっきりと聞こえると思った。だがどれも起こらなかった。

その代わり、森を出るといきなり泡を吹いて倒れてしまった。


それから、何年か原因不明の病気ということで、学校を休みがちになり、病院にも通院した。なんとか高校までは卒業できたものの、ホルモン異常の病気と判断されて、就職もせず、家にいることが多くなってしまった。

そんな大城さんは、異常なほどチックフに興味が湧いてしまい、町へ出るとその姿の置物や絵など、ありとあらゆるものを買い求めた。その所有欲は留まるところを知らなかった。そこである日、大城さんは親友の仲間《なかま》さんに、助けを求めた。

「仲間、俺は一体どうなってしまうんだろう?」

「よし、俺にまかせろ。いいところに連れて行ってやるからさ」

仲間さんはある日、大城さんを車に乗せて出かけた。

場所は東村にある小さな民家だった。

「えー、これは大変な人を連れてきたねえ」とそこに住むユタのオバアが言った。

「何が原因なのか、わかりますか？」

「えー、あんたの何代か前の先祖は、今帰仁《なきじん》城で罪もない按司《あじ》（昔の琉球王府の役人）を塀から突き落として殺しているのが見える。それの報いだはず」

「報いなんですか」

「報いだはず。間違いない」

そう断言されても、大城さんには全くピンと来なかった。

「フクロウって何か関係していますか？」

「ああ、いや、何も関係はない」とそのユタは断言した。

その結果があまりにも信じられなかったので、二人は後日、那覇の国際通りにある、占い師がいることで有名な喫茶店に向かい、そこの女性占い師に見てもらった。

「ああ、あんたは宿命的に苦労することが位置づけられてる。かわいそうだけどね」と
その占い師が言った。

「ではどうすればいいのですか？」

「あんたは東廻り《アガリウマーイ》（首里を中心とした南部の拝所を拝むこと）をしなければならないよ。さっそく今日から始めなさい」

「フクロウって何か関係ありませんか？」

「ない、ない」

無造作に占い師は言った。

何か違うぞ、と大城さんは思った。仲間さんもそう思った。

そこで今度は後日、名護でレストランを経営している、有名な彩子《あやこ》さんという古宇利《こうり》島《じま》出身のノロさんに見てもらうことにした。

彩子さんは大城さんを見るなり、こんなことを言った。

「鳥だね。なんだろうね。これは」

「チックフ」と大城さんは言った。

「なんだね、それは」

「フクロウのことです」

「ああ、こっちではチックフなんて言わないよ。それは大宜味《おおぎみ》の方言ね？」

「そうです」

「チックフチックフ。三羽いたけど、一羽逃げた」

「どういうことです」

「壁面に浮き出して見える。チックフチックフ。ちょっと怖い感じの場所であるさ。海の近く。そこはシニカジ（死んだ人）が一杯いるけど、チックフチックフ。探さんといけんさー。あんたがね」

「チックフが逃げたから、連れ戻すんですか？」

「そうだよ。そう言っただろ。ウタキを探してごらん。どこかにチックフがいるはずさ。それを見つけたら、心の中で『おいで、おいで』するんだよ。そうして、あんたの家の後ろの森に帰しておやり」

いきなりそんなことを言われたが、大城さんにはどうしていいかわからない。

だがその日から、事あるごとに大城さんは県内のウタキと呼ばれている場所を、定期的に訪問することにした。チックフが一匹逃げた。あんたはそれを捕まえるんだよ。だがまるでそれは、青い鳥を探しているチルチルミチルのようだと大城さんは思った。

大城さんは病気のせいで就職も出来ず、親の金で生活しながら、三日に一度はどこかのウタキを調べて訪問し、チックフの影がないか見て回った。

だがある日のこと。免許のない大城さんは中部の北谷《ちゃたん》付近まで親に車に乗せてもらっていたのだが、途中コンビニで降りた際に、完全に意識が飛んでしまった。

気がつくと大城さんは北谷よりもさらに北の、ネーブルカデナと呼ばれるショッピングセンターの駐車場にいた。もちろん家族はいない。すでに夜である。ポケットには財布も身分証も何もない。

途方にくれた大城さんは、一人でショッピングセンターの後ろのほうの海へと向かった。

と、そこに拝所があるのがわかった。案内板もある。「兼久《かねく》のビジュル（霊石）」とあった。

そこには、三つの神体が安置されているという。ビジュルヌタンメー（霊石のオジイ）、ビジュルヌウンメー（霊石のオバア）、そしてただ単に「動物」とだけ記されたご神体らしかった。

普段は鍵のかかっている門を手で開けて、大城さんは中に入った。

ビジュルヌタンメーもビジュルヌウンメーもすぐわかった。三、四十センチの岩であるが、真ん中のものは少し違った。ただの石灰岩のかけらのようなものが積み上げてあったが、その背後の壁面に、何かモヤモヤした白っぽい模様が浮き出しているのがわかった。

それは、どう見てもチックフ以外の何物でもなかった。

「ああ、見つけた！」

大城さんは思わず叫んだ。

こんなところにいたのか。

「さあ帰ろう。お前のせいで、どんなに苦労したか。神ダーリしてからに、俺は精神異常者みたいになってしまったよ」

優しくそう言って、大城さんはチックフの壁面に優しく手を伸ばした。

その瞬間、何か温かいものが、大城さんの首筋に乗ったという。

大城さんは近くの交番に行って、家族を呼んでもらい、チックフと一緒に家に帰った。

家に帰った大城さんは、真夜中の森に入って、こう言った。

「さあ、お帰り。おやすみ」

何かが飛び去った感覚も、鳥の気配も、そんなものは感じられなかった。

もっと言えば、そこに神様がいるとも、大城さんには感じられなかった。ただ、首筋から何かが外れた感覚だけが、そこにあった。ようやく自由になれた。そんな気分だった。

「今でもよくわからないんですが、八歳から二十五歳までの記憶は、ほとんどバラバラなんです。沖縄ではこういう状態を神にかかられたという意味で神ダーリなんて言うんですが、まさにそんな感じです」

現在の大城さんは、宜野湾の会社に就職し、毎日営業として汗を流している。だが営業先でも、ふと会社の中にチックフの置物などを見つけると、思わず身体が硬直して動けなくなってしまうことがあるという。

そんな大城さんは現在宜野湾市でアパート住まいをしているが、部屋の中はフクロウの置物で溢れ返っている。今でも見つけると、次々と買ってしまう。どうやら、こればっかりは治りそうもないという。

大野山林の女

あきえさんの体験談である。

宮古島に住むあきえさんは、ある日の真夜中、車で大野山林《おおのさんりん》を通過した。平良《ひらら》の実家に帰るためである。大野山林は宮古島最大の森であり、昼間はキャンプをしたり、散歩をしたりする地元の人であふれている場所でもあった。

ちょうど、森を通過する道路を走っていると、運転している車のエンジンが急におかしな音を立てた。

それから間もなくエンジンがキュルキュルと音を立てたかと思うと、そのまま停止。次の瞬間、ライトも消えた。

「なんでよ！」思わず、そう叫んでしまった。

真っ暗な闇の中、前方を見ると何かが光っていた。

鬱蒼《うっそう》とした森の上のほうから、何か白っぽい衣のようなものが、スルスルと降りてくる。

最初は白いシーツか、ビニールのシートのようなものだと思ったあきえさんは、じっと目を凝らしてそれを見つめた。

次の瞬間、何だかわかると全身の毛穴が総毛立った。

それは白い着物を着た逆さ吊りの女で、大きく手を広げて、車の方へ降りてきた。

あきえさんは悲鳴を上げて、エンジンキーを回した。

いきなりエンジンがかかったので、アクセルをベタ踏みしたまま、大野山林の林の中から脱出した。

平良の実家に戻るまで、あきえさんは泣きながらハンドルを握り、決して後ろは振り返らなかったという。

理由は未だによくわからない。だが複数の人が、その場所で逆さ吊りの女を見ているという。

水の塊のようなもの

恩河《おんがわ》さんは中学生時代に、宮古島の砂山《すなやま》ビーチで夜中、遊んでいた。

不良仲間三人とつるんで、持って来た新聞紙や古雑誌などに火をつけて、海のほうへ放り投げて遊んでいたのである。

夜中の三時を回った頃、一人の友達がおかしなことを言い始めた。

「おい、誰か降りてきたぞ」

砂山ビーチへいたるまでには、一度坂を上り、それから下ってビーチへ向かう道がある。そこを「さくっ、さくっ」と踏みしめる足音が聞こえてきたのである。

その音は確かに恩河さんも耳にした。てっきりパトロールの警官が来たと思い、慌てて火を消した。すると、身体の輪郭だけははっきり人間だとわかる、まるで水の塊《かたまり》のようなものが、凄い速度で恩河さんたちの真ん中を通過して、海の中に消えた。

恩河さんたちは悲鳴を上げて、一目散に逃げたのだという。

砂山ビーチでは、時折そのようなものが現れるらしい。

トウガン

戦後すぐの話。

東風平《こちんだ》に住む安次富《あしとみ》さん一家の曾祖母がトウガンを育てていた。ある日、できあがったトウガンの表面に、はっきりと龍の形が浮かび上がった。くねくねと曲がりながら天に昇る巨大な龍の姿で、顔の髯《ひげ》などもはっきりと写っていたという。そこだけ龍が白く浮き出ているのである。曽《そう》祖父は、これはきっと龍神様が現われたのだ、果報だと、大事にして仏壇に飾った。

すると曽祖父がいない間に妹が家にやってきて、仏壇のトウガンを見つけると、「これはおいしそうなトウガンがあるよ」と炒め物にして料理してしまった。何も知らない曽祖父までが、妹の作った料理に「イッペーマーサン！（凄くおいしい！）」と舌鼓を打った。

するとその夜、それを食べた一家全員が七転八倒の悶絶の上、緊急入院してしまった。入院した曽祖父は「これは龍神様の祟りだ」と言った。

ところが家族が入院している間に、隣家で火災が起こり、当時の安次富家の木造家屋は一気に焼失してしまった。火元の隣家は家族全員焼死で、原因は隣家の父親の寝タバコが原因であった。

安次富家は入院していたおかげで、全員が無事だった。

ミチソージサー

今でもそれはまぶたに焼き付いて忘れられない。与田《よだ》さんは齢《よわい》八十歳を超えた震える唇で、そう呟く。

長年勤めた役所を定年退職したその年のこと。昼間、那覇に用事があった与田さんは、それも済ませて夜遅くに沖縄県北部にある自宅まで車を走らせていた。

ちょうど東海岸を北向けに走っている途中、ヘッドライトにいきなり野犬の姿が浮かび上がった。

危ない!

ぼんやりしていた与田さんは思わずハンドルを切った。

凄まじい音と衝撃がして、車はガードレールを突っ切り、横の雑木林の中へと転がっていった。車は横転し、ようやく木にぶつかって停止した。与田さんはその時、意識を失った。

次の瞬間、身体からマブイ（魂）が抜け出すような、妙な感覚を味わった。いきなり周囲が光り輝き始め、与田さんは真っ白い空間に一人投げ出されていた。右も左も輝くような光で満ち溢れている。なぜか気分は、この上なく幸せで、満ち足りた幸福感があった。

やがて、ピンクの色をした女性っぽいモノが与田さんのもとにひらりと降りてきた。彼女が与田さんの頭を撫でると、人間の心では想像もつかないほどの慈しみの心と慈愛が湧いてくるのがわかった。

「ああ、すみません。あなたは天使さんですか？」与田さんは心の中で聞いた。相手は答えなかったが、なんだか優しく微笑んだ気がした。

「ああ、自分はもうすぐグソー（死後の世界）へ行くのだな」

与田さんは、自らの死を覚悟した。

「かあちゃん、かあちゃん」

同い歳の奥さんのことを心に思い描いて、与田さんは涙を流した。ああ、なんて俺は馬鹿だったんだろう。あいつには生涯迷惑ばかりかけてしまった。かあちゃん、すまなかった。ああ、あいつにもう一度会って、一言詫びを入れてからグソーに行きたい。ああ、どうにかしてあいつに会いたい。お願いです。もう一度かあちゃんに会わせてください。お願いです。神様、ああ、神様。

ぴょーん！

と、次の瞬間、与田さんは何かの虫になった気がした。舗装されていない集落の夜道を、月明かりだけを頼りに、ぴょーん、ぴょーんと飛んでいる自分を想像した。やがて風に乗り、与田さんは大きくジャンプした。

気がつくと与田さんは住み慣れた実家の台所にいた。視線が床の上辺りなのが、どうも違和感がある。目の前には、巨人のように見える奥さんが、台所でダイコンか何かを切っているところだった。

トントントン、トントントントン。

「かあちゃん、俺だよ。聞こえるか、俺だよ！」大声で与田さんは呼びかけた。

トントトン、トントトン、トン。

ふと、その呼びかけに応えるかのように、包丁の音が止まった。

「かあちゃん！」

すると、再び包丁が「トントントン」と動き出した。

奥さんが何か喋っている。

「もう本当にねえ、うちの亭主はよ、まったくいつも遅いさ。毎日毎日、役場時代は飲み会だ壮行会だ政治家のパーティだの言って、夜は家に帰ってこないし、途中でお使い頼んでも、いつも忘れてしまうさ。ウリヒャー信じられないさー。今日も用事だとか言ってるけど、もう全部わかっているさあね。あのじいさん、きっと那覇で飲んでるわけさ。『かあちゃん、今日飲んじゃった。だから帰れん。車で一泊するからさ』って、電話があるよ。もうすぐ。えー、ウリヒャー、デージナー（大変だよ）」

それを聞きながら、与田さんはなんだか申し訳ない思いでいっぱいになってしまった。

と、奥さんがいきなり与田さんの方を睨みつけた。

お、俺の姿が見えているのか？

与田さんは思わずひるんだ。

「アッキサミヨー（なんてこと）。えー、ミチソージサーよ。家の中に入らないでー」

そう履き捨てるように言いながら、奥さんはピンクのスリッパで与田さんを踏みつけた。

「アギジャビヨー！（なんてこった！）」与田さんは悲鳴のようにそう叫んだ。

その瞬間、何かがはじけて、意識が無限の彼方へと飛んでいった。


気がつくと、救急車の中で救急隊員に話しかけられていた。

「もしもし、聞こえますか？　おじいさん、大丈夫ですか？」

「おお、おお……」与田さんは呻いた。

「ああ、おじいさん。気分はどうですか？」と救急隊員が言った。

「アギジャビヨ……」と与田さんは言ったそうである。


与田さんは間一髪のところで助かった。肋骨を折っており、三ヶ月の入院を要したが、後遺症などもなく、無事退院できた。事故をしてから見た光景はすべて夢だったのだと、最初の頃、与田さんはそう思っていた。

だが一年後、夕食を孫たちと食べているときに、奥さんがあの夜のことをふいに喋りだした。

「ねえ、あんた。あんたが事故グヮーした夜のこと、前に喋ったかねえ」

「いや、一度も聞いたことがない」

「あの夜はよ、なんかチムワサワサー（胸がざわつく）してからに、眠れんかったから仕方なくダイコンの煮物を作っていたわけさ。すると、どこから入ってきたのか、ミチソージサーが一匹、台所の床にいるわけさ。しかもこーんなにでかいやつがよ。えー、あんたたちも知ってるように、私は虫が大嫌いだから、かわいそうだとは思ったけど、思わずスリッパで踏みつけてやった。したら、なんと、人間みたいに悲鳴をあげるわけさ。それもオジイの悲鳴にそっくり。もーびっくりしたさー。心臓がよ、停まるかと思った。そしたら、すぐに警察から電話が来て、うちのオジイが事故して北部病院に運ばれよったっていうわけさ。もー、チムワサワサー、ミーグルグル（めまい）してからに、もーデージだったよ」

「何だってお前、ミチソージサーを殺したのか？」

「もちろん。私は虫が嫌いだのに」

「ええ、お前よ、そいつは私だよー。私が入っていたやっさー」

不思議なことに、与田さんが事故を起こしたときに見た夢と、奥さんがその夜、家で実際に体験したことは、ほとんど同じであることがわかった。

「ねえねえ、ミチソージサーってなあに？」と孫が聞いた。

「ハンミョウって虫のことだよ」と父親が息子に教えた。

「そういえば、先代のオジイも、あんたはミチソージサーに守られているって、どこぞのユタさんから言われておったんです。そのことと関係しておるのかもしれませんね」

与田さんはそう言った。

「でも私がまぶたに焼き付いて離れないのは、ピンクの人型をしたもののことです。あれはとてつもなく優しいモノでした。もう一度、それに会うときは、今度こそ本当のお迎えが来たときなんでしょうねえ」

今でも与田さんの家族は、道でミチソージサーを見つけたら、思わず道を譲るそうである。

リトル・クイチャー

宮古島に住む幸地《こうち》さんは、一度不思議なものを見た。

宮古島熱帯植物園のそばの林を自転車で通りかかったとき、道路脇の空き地のくぼみの中で、小さな炎が燃えているのを目にした。それは一個がライターの炎くらいの大きさで、およそ二十個ほどの炎が小さく上がっていたという。

何で燃えているのだろう、と幸地さんは自転車を停め、炎の集まりをじっと見つめた。すると、それは動いている。なんだろうと、さらに目を凝らした。

十センチくらいの白っぽい人間が二十数人、クイチャー（宮古島の盆踊り）を踊りながら、くぼみのなかでクルクルと回っていた。炎は小さな木の枝らしきものについた火を、たいまつ代わりに小人たちが掲げているからだった。

ああ、神様なんだろうなあ。

幸地さんは素直にそう思い、何事もなかったように自転車を漕ぎ出して、そのまま家路についた。

次の日もその場所を通ったとき、すでに小人の姿はなかったが、二人のオバアがその場所にいて、大量の線香を燃やして拝んでいるのが見えた。

「どうかしたんですか?」と幸地さんは聞いた。

「えー、マゾムヌよ。マゾムヌ」と一人が言った。

マゾムヌとは宮古島の方言で、妖怪や精霊のたぐいを指す。

すると、その横にいたオバアが、両手をひらひらさせて、クイチャーを踊り出した。

なんだかそれを見ていると、幸地さんは涙が出てきたそうである。

なぜその場所にマゾムヌが出たかは、わからない。

だが、その小さな美しさは、いつまで経っても忘れられないと、幸地さんは語った。

崖から飛び込む

あまりに変な話なもんで、自分自身もまだ理解が追いついていないところがあるのですが、と当山《とうやま》さんは語った。

今から何年も前のこと。当山さんは沖縄市で飲食店を三軒も経営するやり手のオーナーだった。当初は羽振りは良かったのだが、次第に雇用者に恵まれなくなり、ついには信頼できるパートナーだと思っていたコンサル会社の社長に、印鑑と通帳を使われてしまい、多額の借金を背負ってしまうことになった。元はといえば何でも信じてしまう、お人好しの性格にあったのだろうが、今となってはすべてどうでもいいことだった。

ああ、俺の人生はこれで終わった。

当時の当山さんはそう確信した。

泡瀬《あわせ》の運動公園で首を吊るか、その近くの海で入水自殺をしようと、日曜日の深夜三時に一人で出かけた。カバンにはホームセンターで買ったロープと、結束バンドが入っていた。前者は首を吊るため、後者は入水自殺するときに、手足をこれで結束してから深みに溺れようと思ったからだ。

ところが、いざ運動公園に着いて見ると、公園にはキャンプをしている人が騒いでいたり、不良がジャングルジムの下で枯れ木を燃やしたりしており、とてもじゃないが首を吊ることなど出来そうになかった。

当山さんは仕方なく、海辺でぼんやりと日の出を待つことにした。

しばらくすると、背後で足音がして、誰かがやってきた。

「暑いですね」とその男性は言った。

「暑いすね」当山さんも力なく返した。

「夜釣りですか?」

「いや、違いますよ」

男性は「よっこいしょ」と言いながら、おもむろに当山さんの横に腰を降ろした。

男性の歳の頃は、当山さんと同じく三十代半ばに思えた。月明かりの下、白いワイシャツを着ているのがわかった。中肉中背で、眉毛《まゆげ》が異様に太かった。

ああ、こんなところで人と話をしたくない。

当山さんは、相手はきっとゲイなのだろうと思った。沖縄では夜の公園や海辺が、いわゆる出会いのための「ハッテンバ」となっているという話は、よく聞いた。だから当山さんは相手に無駄な努力をさせないために、はっきりとこう言った。

「すいませんが、私はノンケですよ」

「ああ、そんなつもりじゃありませんよ。ご心配なく」

相手は優しい声でそう言った。

相手はしばらく何も言わず、当山さんの横に座り続けた。

だがなぜか違和感がなかった。気配がないとでもいうのだろうか。まるで打ち寄せる波の音のように、吹きすさぶ真夏の夜の風のように、その存在は自然で、まったく違和感がなかった。まるでそこに影しか存在していないかのように、存在感が希薄であった。

と、しばらくすると、男性が口を開いた。

「死ぬことについて考えたことがあります?」

「は?」

あまりに唐突に発せられたその言葉は、当山さんの核心をついたので、びっくりして言葉に詰まった。

「よくわかりませんけど」当山さんは困惑してそう言った。

「死ぬんだったら、何かをしてみるべきだと、僕は思うんですよ。ほら、一度限りの命っていうじゃありませんか。清水の舞台から飛び込む覚悟でっていう言葉がありますよね。僕はそれをやったんですよ。もちろん沖縄に清水はないから、南部の断崖ですけどね。どうですか、今から一緒に行きませんか？」

「今から？　真夜中ですよ」

「いいじゃないですか。今から行きましょう」

「別にいいですけど、これから南部へ行くんですか？」

「そうですよ。断崖から飛び込んだら、すっきりしますよ」

「飛び込んだら、何か変わるんですか？」

「もちろん、変わりますよ。さあ、行きましょう」

　男性が立ち上がって駐車場に向かったので、当山さんもフラフラとその後を追った。途中の暗闇で男性の姿は見えなくなり、駐車場につくと、当山さんの白の軽自動車の前に男性は立っていた。他にも何台か車は停まっていたのだが、どうして自分の車だとわかったのだろう？

そんな疑問も、飛び去る風景のようにすぐにどこかへ消えてしまった。いつの間にか二人は車に乗り込み、夜中の国道を南部へ向けて走っていた。

その車中で一体何を喋ったのか、当山さんは覚えていない。いろんなことを喋ったような記憶もあれば、ずっと黙り込んでいたような、そんな記憶もある。気がつくと、車は南部のサトウキビ畑の中の道をガタゴトと走っていた。ひたすらまっすぐ走ると、いきなり道が開けて広場に着いた。

その先は海で、結構な高さの断崖になっていた。

二人は車を降りた。ヘッドライトを消すと、あたりは完全な暗闇に包まれた。

ところが、当山さんと男性は、嬉しくてたまらないといった風に笑いあっていたという。まるで夢の中で酔っ払っているようだった。

断崖の縁に着くと、遥か下で白波が月明かりに照らされてしぶきを上げているのが見えた。大笑いしながら縁に近づくと、二人とも全裸になり、それからおもむろに男性が当山さんの背中に手を当てて、こんなことを言った。

「変な期待はしないこと」

次の瞬間、枯葉のように回転しながら、当山さんは断崖から落ちていた。だが不思議な高揚感と幸福感に包まれて、恐怖は一切感じなかった。そのまま海に落ちて、顔を上げると、半分欠けた月が頭上で煌々《こうこう》と光を放っているのが見えた。

当山さんは一人で歓喜のおたけびを上げて、「ありがとう!ありがとう!」と何度も叫んだ。

次の瞬間、あの男性を探したが、どこにもいなかった。

「ありがとう! ありがとう!」

そのまま近くの砂浜までたどり着いたところで、当山さんは笑いながら気を失った。


気がつくと、あたりはまだ暗かったが、目の前に救急隊員がいた。奇声を発する当山さんを、たまたま岩場で夜釣りをしていた人が見つけ、警察に通報したのだ。当山さんの車も、キーのついたまま上の断崖で発見された。警察は当山さんの周囲の人に聞き込みをしたらしく、ほぼ破産状態からの投身自殺未遂だと断定し、一週間の措置入院ののち、精神科のカウンセラーに通うことを条件に、家に帰された。

ところが、退院してから、当山さんのすべてがガラリと変わった。人生が希望に満ちたものに感じられ、新しい事業を始めるため友人に相談したところ、なんとすぐに借金を肩代わりしてくれることにもなった。すべてがとんとん拍子にうまくいき始め、いきなり運命の歯車が回りだしたような気がした。

そして、当山さんにはその日から新しい能力が花開くのを感じた。

それは、話している相手の心が読めるのである。元からスピリチュアルに関心があり、いろんなセミナーにも出ていた当山さんは、知識を生かしてその日から事務所を立ち上げ、スピリチュアル・カウンセラーとして仕事を始めた。すると、最初の一週間、ほぼすべての時間が予約で埋まってしまうほどの盛況ぶりだった。別に宣伝したわけでもなく、それぞれ知り合いからの口コミであったが、まるで人生そのものが別の人のものとすり替わってしまったかのように、劇的に変化が訪れた。

ところがある日の夜、こんなことがあった。

自宅のあるアパートで寝ていると、深夜誰かがドアをノックする。起きてドアを開けると、そこにはくだんの夜に泡瀬の運動公園で会った、あの中肉中背の男性がいた。満面の笑顔をたたえている。もちろん、当山さんは彼を迎え入れ、二人でキッチンのテーブルに座った。そこで当山さんは近況を伝え、あれから人生が変わったこと、飛び込んだおかげで何もかも好転していることなどを伝えた。

男性は代わりに自分の住所を教え、当山さんはボールペンでそれをメモした。

「もう少ししたら知り合いが、もらいに来るから」と男性は言った。

その意味はよくわからなかった。だがしばらくすると、アパートのドアを勝手に開けて、何名かの男女が部屋に土足のまま上がりこんできた。

「あ、土足は困るんだけど」と言った瞬間、目が覚めた。

当山さんはベッドの上に寝ていて、部屋には誰もいなかった。

人がいた形跡はまったくなかった。ただ、生々しい夢の感覚だけが後に残された。


その日から、何かがおかしくなりはじめた。

なぜか右腕の感覚が麻痺して、幻覚を見るようになった。

昼間、車を運転していた当山さんは、右腕に違和感を覚えてふと視線を投げかけた。

ぬめぬめとしたタコの足のようなものが、腕に巻きついているのが見えた。びっくりした当山さんはそのまま暴走し、ハイビスカスの生垣にそのまま突っ込んでしまった。

さいわい、本人も含めて怪我はなかったが、気がつくとタコの腕のようなものは消えていた。だが何度も白昼夢のように、それは突然現れて、当山さんの日常生活を脅かした。

それからしばらくしたある日のこと。事務所に一人の初老の男性がやってきた。

「何の御用ですか?」と当山さんは聞いた。

「あんたに、どうしても言いたいことがある」と白髪の男性が言った。

「はい、何でしょう」

「あんた、チーチキリヨ(気をつけなさい)。あんたに取り憑いているのは、アクリョウだよ。悪さをするヤナムン(嫌なもの)が、タコみたいにべったりとはりついて、あんたからチューチュー吸い取っているさ」

「悪霊? そんなものいませんよ」

「いいや、あんたは目の前のことを見ていない。あんたは確かにお客さんが多いだろうけど、それはヤナムンが前もってお客さんのところにいって、あんたのところに行かなければ解決しないようなことをさせるわけさ。ヤナムンはあんたを幸せにするどころか、あんたをもう一度死なすだろう。あんた、一度死んでるはずさ。あんたは片足を墓場に突っ込んでる。いい加減目を覚ましなさい」

そう言うと、男性は事務所に塩をまいてから、おもむろに立ち去った。

私が一度死んでいる？

そう考えると、何か解決できないモヤモヤした間隔が心の中で渦巻き始めた。

あの夜、海辺で出会った男性は、一体どこの何者なのだろうか？

あるいは本当に存在している人だったのか。

しかし答えは出なかった。


それから当山さんは体調を壊した。病院で何度も検査をしたが原因不明で、大学病院で検査をしたところ、ようやく癌《がん》だとわかった。

当山さんはショックでそのまま入院したが、もはや気力はぜんぜん残されていなかった。ああ、やっぱり自分は死ぬのか。そう思った。大学病院の無菌室で抗がん剤治療をすることになり、半年近く入院した。

ある夜、無菌室の中で目が覚めると、枕元にあの夜の男性が立っていた。男性は影だけで表情はわからなかったが、なぜかベッドの周りをぐるぐると回り始めた。念仏のようなものをブツブツと唱えながら、時折当山さんの身体を触った。怖くなった当山さんはナースコールを押した。

「当山さん、どうしましたか?」と看護婦が言った。

そこで目が覚めた。無菌室には誰もいなかった。


半年後、通院しながら抗がん剤治療を続けることになり、当山さんはアパートに戻った。だが前のような活力に満ち溢れた気分には、どうしてもなれなかった。まるでどこかに漏れがあるかのように、気力がすぐに萎えてしまうのである。

退院して三日目に、どうしてもあの男性ともう一度喋りたいと当山さんは感じた。あの高揚感と幸福感をもう一度得なければ、私はきっとこのまま死んでしまうに違いない。

そこで、夢の中ではあるが、うすぼんやりと男の住所を聞いたのを思い出した。那覇市の泊の住所だった。番地もちゃんと覚えていた。夢で見てから、忘れないようにとメモしておいたからだ。

当山さんはすぐにメモした住所をパソコンで検索をかけた。

すぐに場所の説明とマップが出てきた。

そこは、泊《とまり》外人墓地の住所だった。
いくら検索をかけても、そこは泊外人墓地であった。
人の住む場所の住所ではなかった。
「俺はもしかして、騙されたのか？」
自然とそんな言葉が口から出た。
だが、誰に騙されたというのだ。
いや、何に騙されたのだと？

病気も落ち着いた現在の当山さんは、一人で泊外人墓地を訪れては、深くうなだれることがよくあるという。

ハブを殺す

ある日の午後、平敷《へしき》さんは農作業から帰る途中、家の石垣の上に一匹のハブを発見した。

大きさは一メートルほど、ちょうど石垣の上を這っていた。

子どもが噛まれたら大変だと、持っていたナタでハブを真っ二つにした。ハブは身をくねらせながら、腸《はらわた》をむき出しにして石垣から落ちた。

見ると、真っ二つに切断されたハブは、すでに絶命していた。

平敷さんはハブの頭を足でつぶしてから、そのまま側溝のどぶの中へ足を使ってぞんざいに捨てた。

その夜のことである。

村で集会があり、平敷さんもその集まりに出た。議題は次の村長の選出とか、そういった話ですすめられた。すると集会終わり、一人のユタのオバアが平敷さんを呼び止めた。

「平敷さん、あんた、ハブグヮー殺したか？」

唐突にそう言われて、平敷さんは戸惑った。

「ああ、今日の昼殺したけど、それが何か？」

ユタのオバアは平敷さんを睨みつけながら言った。

「あれは神様の化身だから、あんたは呪われる」

「えー。怖いことというなー。ハブなんて、誰でも見つけたら殺してるさ。殺さないと、うちのチビたちが噛まれたら大変やっさ」

「あれは違うハブであるよ。あんたは一週間以内に村のすべてのウタキを回って拝みをしないと、まず指先を失ってから、死ぬはずだよ」

「アビランケ（頭がおかしい）。頭がおかしいか、ヤーはよ」

平敷さんは「死ぬはず」と勝手に断定されて、非常に腹が立ってしまった。どういうつもりで、人の命を勝手に死ぬだのと決め付けられるのか。このオバアは頭がおかしい。

家に帰ると、今日起こったことを洗いざらい奥さんにぶちまけた。

「だから、あのオバアは年々頭がおかしくなっているさ」

「でも気をつけなさい」と奥さんが言った。「もし本当に神様の使いだったらどうするべき?」

「どうするべき? 何もしないさ。馬鹿らしい」

平敷さんはそう言うと、ビールを飲んでさっさと寝てしまった。

次の日のことである。平敷さんが自分のサトウキビ畑で雑草をナタで刈っていると、手元がすべった。

ああっ、と思った時はすでに遅かった。

左手の親指が前方に飛んでいくのがはっきり見えた。

悲鳴を上げたが、血が激しく噴出して、どうにもならない。飛んでいった親指を必死になって探したが、見つからない。次第に出血が激しくなり、平敷さんはあきらめて車に乗り、すぐさま止血して病院に駆け込んだが、親指は戻ってこなかった。

「あれは神様の使いだったのか」

家で包帯を左手に巻かれて寝込んでしまった平敷さんは、そんなことを考えた。

痛みも止んできた頃、平敷さんは庭に出て、ハブが這っていた石垣のところを見つめた。

何か、穴が開いている。

石垣を少し壊すと、中からハブの抜け殻と、卵が二つ、現れた。どちらも腐って孵化しなかった卵のようであったが、なぜか平敷さんの切断された親指が、卵の横にひっそりと置かれていた。

平敷さんは次の日、村内のすべてのウタキにヒラウコー（沖縄の線香）と饅頭をお供えして回った。

「そのおかげかどうかわかりませんが、今もこうやって生きています」

平敷さんはそう語った。

赤い鍋

沖縄戦当時の話である。

ドーン、ドーンと、彼方から砲撃の音が鳴り響いている。十歳の玉城《たましろ》まなみさんは、大空を見上げた。

昼なのに、闇が広がっていた。空襲の煙が、太陽の光を遮ってしまったのだ。

家族とはぐれた彼女は、泣きながら焦土の中を歩いていた。今まで首里城近くの壕に日本兵と民間人、二十人くらいで潜んでいたが、アメリカ兵に囲まれて日本兵は突撃をし、みんな死んでしまった。

たどたどしい日本語で、誰かが「こっちに来なさい、おいしい食事、水がありますよ」と拡声器でがなりたてていた。まなみさんは声のする方へと向かった。

そこにはアメリカの兵隊たちがいて、優しそうな顔の金髪の若い男性が、水筒とチョコレートを持って、彼女に「カモン、カモン！」と呼びかけた。だがすぐに別の日本兵がやってきて、彼らと交戦状態になった。

パン、パン、パン！

乾いた銃声の音が響き渡ると、一転そこは地獄と化した。

水筒を持ってまなみさんを誘導していたアメリカ兵は、腹を撃たれて、身体を二つ折りにしてその場に倒れた。水筒の水とアメリカ兵の血が、一緒に赤土の中に染み込んでいくのが見えた。

まなみさんはとにかく逃げた。

弾に当たりたくない。

お父さんお母さんに会いたい。

やがてひゅるひゅるひゅるという長い音が聞こえたかと思うと、近くに爆弾が落ちた。

バーン！

焼けて煙を上げた土がまなみさんの上に降り注いだ。

「熱いよう、熱いよう！」

まなみさんは悲鳴を上げながら、それでも逃げた。

ふと目を開けようとすると、強烈な痛みで目が開けられない。目の周囲が熱を持って、さわるとおでこの辺りから激痛が走った。子ども心に顔面を怪我しているのがわかったが、どうすることもできない。まぶたは半分くらいしか開かず、視界もおぼろげにしか見えない。散々助けを呟きながら歩いていると、目の前に誰かが現れた。

目を開けられなかったので、おぼろげな姿しか見えなかった。まなみさんのように、逃げている人がいた。その一人が彼女の手を取って、一緒に走ってくれた。それから雨あられと銃弾と爆撃が繰り返された。燃えた土や何かの破片が、煙を上げながら降ってきた。手をつないでくれている人は、走る方向に引っ張ってくれ、まなみさんはいつの間にか、森の中に入り込んでいた。

まなみさんはぼんやりと目を開けようとしたが、激痛で少ししか開けられない。その時見たのは、何かおかしなものだった。

全身黒い煙のようなもので出来た大人が五人、そこにいた。

一人は何か水のようなものを持ってきて、まなみさんの顔を拭いてくれた。全員、来ている服装とか、そういうのはわからなかった。きっと目を汚しているせいだと思った。まなみさんはそこで水をもらい、安心して眠ってしまった。

次に目覚めたのは、朝だった。

目を少し開けると、横で真っ黒い人影が座って、まなみさんの身体を「ぽん、ぽん」

と優しく叩いてくれた。よくわからないけど、助けてくれるんだ、と思い、まなみさんは安心した。しばらくすると、目の前で火が焚かれているのが見えた。

「ああ、こんなとこで火を焚くと、見つかっちゃうからダメなんだよ」

以前、前に隠れていた壕で、火を使うことについて散々言われたことを思い出して、まなみさんは注意しようとした。

だがそれを聞いた黒い人の一人は、声を出さずに「ハハハハ」と笑った。

身体のしぐさでそのように感じた。

まあ、見つかったほうがいいのかもしれない。捕虜になったら鬼畜米英は日本人を焼いて食うと兵隊さんは言っていたが、あの時水筒とチョコレートを渡そうとした人は、そんな風には見えなかった。

そうこうしているうちに、黒い人の一人が彼女の手を取り、火の前に連れて行った。見たこともない、大きな鍋だった。村のお祭りで見たことのある、シンメーナービ（大型の鍋）くらいあった。中からは、薬草のような、そんな匂いが漂ってきた。目があまり見えなくとも、それが食事だということはたやすく理解できた。まなみさんは腹が減って死にそうだった。

ふと、身体を動かして鍋の中を見た。

なんだか赤いものが入っている。赤い草のようなものが見えた。もしかして辛いのだろうか？　黒い人が長い箸のようなもので中身をつついた。そして、それが鍋の中でひっくり返った。

赤い髪、赤い皮膚の、子どものようなものが鍋の中でぐつぐつと煮えていた。

見間違いかな、と一瞬思った。

だがそれには、目も鼻も口も、そして尖った耳もあった。すぐに黒い人が箸のようなもので頭をぐちゃぐちゃにした。煮込みすぎの野菜のように、まなみさんの目の前でそれはスープの中に溶けていった。

まなみさんは怖かったが、きっと目を怪我したのでそういう風に見えてしまったのだと思った。

というか、これはもしかしたら、すべて夢なのかもしれない。

黒い煙のような人間などいないし、赤い子どもの鍋など、存在しているわけがない。

だがもう何日もロクなものは食べていない。

しかし何かおいしそうなものが、目の前にあって、自分に食べられるのを待っている。

そう思うと、食べないわけには行かなかった。相手が夢でも悪魔でも何でもいい。どうせ、みんな死んじゃったのだから。やがて木の器のようなものに入れられて、まなみさんはその赤いスープをもらった。薬草の匂いがした。

まなみさんはそれを無我夢中で食べた。

おいしい、おいしい！

それしか考えられなかった。一度も食べたことのない味だった。温かくて、中には鶏肉のようなものが入っていた。とにかく、うまい。食べ終わると、黒い人がおかわりを入れてくれた。まなみさんはもう一杯、それを食べた。もう赤いスープの虜だった。沢山食べると、いきなり眠くなった。

目が覚めたのは夜だった。顔中に何か張り付いているような感覚があり、まなみさんは手で顔に触れた。どうやら薬草のような草が、顔中にびっしりと張り付いていた。と、黒い人に肩を叩かれた。触らないほうがいいよ、と言われた気がした。なのでまなみさんはそのまま横になり、再び意識を失った。

次に目が覚めたのは昼間。

誰かがまなみさんの身体を掴んで、身体をゆすっている。

「おい、生きてるかー？　大丈夫ねー？」

ぼろぼろの服を着た知らないオジイがいた。目を無理して開けてみると、同じような民間人が十人ほど、そこにいた。オジイは島尻《しまじり》という名前だと言った。

「おいしい食事をありがとう」とまなみさんは島尻オジイに言った。

「食事ぃ？　わったーは何もあげていないよぉ」

「鍋を食べたよ」

「鍋ぇ？」島尻オジイは素っ頓狂な声を張り上げた。そしてまなみさんの足元に、何か燃やした跡があるのがわかった。

「ああ、何か燃やしたね。自分でやったのかー？」

「違う。作ってくれた」

「ヤー（あなた）が自分で作ったのかー？」

「違う、一緒にここに来た人が作ってくれた」

「どこに行ったかー？」

「知らない」

目を必死に開けて辺りを見渡すと、少し離れた場所に黒い人の一団がいるのが見えた。

「ほら、あそこにいるよ」まなみさんはその場所を指差した。

ところが、島尻オジイには見えないらしい。

「どこね?」

「ほら、あそこ」

「オジイはミーガンチョー(眼鏡)なくしたから、わからんさ。あい、そこに誰かいるのか?」

「うん」

「何してる?」

「立ってるよ」

「日本兵か?」

「わからない。真っ黒だよ」

何度話しても、彼らには通じない。黒い人たちは、周囲を歩きながら、何かを集めているようにも見えた。その時、まなみさんは思った。

あれはもしかしたら、生きている人じゃないのかもしれない。

島尻オジイには何度説明しても、埒《らち》があかなかった。

それからまなみさんは、島尻オジイたちと行動することにした。山地を歩いていると、そこにあった壕から声を掛けられた。中には日本兵八人と、民間人十人ほどがいた。

「お前たち、こっちに来い。鬼畜米英に殺されるぞ」壕の中の日本兵が言った。

「負傷者がいるんだ」

「薬がある。こっちに運べ」

まなみさんは大人たちにおぶられて、壕の中に入った。

壕は長さが五十メートルほどもあり、比較的人数が少なかったので、臭いもそんなに酷くはなかった。また動けないほどの傷病者もいなかった。それはあとでわかったが、動けない者たちを前の壕に残してきた結果であった。

まなみさんは顔面を火傷《やけど》していると言われ、消毒した上に新しい布の匂いのする包帯を巻かれた。それがなんだかうれしかった。なんだか新鮮な香りがした。まるで実家のたんすの中の着物のような匂いだった。

壕に到着してしばらくすると、食事が出された。ほとんど、その辺にある雑草などを煮込んだだけの料理で、ほとんど水であった。まなみさんは喉も渇いていたので喜んでそれを口にしたが、心の中では黒い人の作ってくれた料理にかなわないと思っていた。

だが怪我をして体力も消耗していたまなみさんは、すぐに眠ってしまった。

そして誰かに肩を叩かれ、夜中に目を覚ました。

目の前に誰かいた。黒い人だった。

黒い人はまなみさんの手を掴むと、洞窟の奥へと彼女を引っ張っていった。

おそらく洞窟の一番奥まで行ったに違いない。包帯をずらしてみると、そこには火にかけた大きな鍋があった。おいしそうな薬草の匂いも漂ってくる。

「食べていいの？」彼女は黒い人に聞いた。

黒い人は無言で頷いた。

鍋を覗くと、そこにはやはり、赤い子どもがグツグツと煮込まれていた。肩の部分が溶けてなくなりつつあるのがわかった。だがそれが何なのかということよりも、まなみさんはそれを食べたくて仕方がなかった。お腹がグーグーと鳴り続けていた。

別の黒い人が、飯盒《はんごう》の蓋のようなものに鍋のものを入れてくれたので、まなみさんは夢中になってそれを食べた。

おいしい！

彼女は何度もお代わりをした。気がつくとお腹いっぱいになり、彼女は再び黒い人に手を取られて、先ほどまで眠っていた場所に連れてこられた。

お礼を言おうと振り返ると、夢から覚めた。

まなみさんは、洞窟の中で、ぶるぶる震えながら横たわっていた。

あれは夢だったのか？　でもお腹は一杯になっている気がした。


黒い人は時折まなみさんの元を訪れては、不可思議な鍋をふるまい、いずこともなく消えていった。あるとき、まなみさんは黒い人にこう聞いた。

「壕の中の他の人も呼んでいい？」

それに対して、黒い人は首を振った。

おかしかったのは、途中から包帯で目をぐるぐる巻きにしていても、黒い人が見えたことだった。

「あなた、神様なの？　それとも死んだ人？」

まなみさんはそう聞いたが、答えはなかった。

まなみさんの目は日に日によくなっていった。最終的には包帯を外してもよいということになり、ある日の昼、食べ物になりそうなものを探しに大人たちが出かけるのに、ついていった。そこは丘陵地帯になっており、山の斜面には古い墓が沢山あった。と、山道を歩いていると、前方に二人組の日本兵が現れた。

大人たちはびっくりしたが、相手がこう言うのが聞こえた。

「おおい、お前たち、この辺りに隠れているのか？」

そうだと誰かが答えると、日本兵の一人が言った。

「戦争が終わったぞ！」

大人たちはどよめいた。

そこで日本兵たちを壕に連れて行くことにした。

司令官はやってきた日本兵たちと壕の奥で話をした。二人組の日本兵は、戦争が終わったことを隠れている者たちに伝えて歩いているのだと言った。天皇陛下が降伏を宣言したので、戦争は終わった。武器を捨てて米軍に投降するようにと、二人の日本兵は司令官に伝えた。

二人は今すぐ本隊と合流しようといったが、司令官は「いや、すこし準備してから、二、三日後に本隊と合流する」と言った。

すると二人の日本兵は、「待っている」と言い残して、去っていこうとした。

去っていく日本兵の後姿に対して、司令官は部下に発砲するように伝えた。

部下の兵隊が、銃を構え、後姿に対して何発も撃った。二人は倒れて、動かなくなった。

「あいつらはスパイだ。戦争がそう簡単に終わるわけではない。陛下はわれわれと共にある。八紘一宇《はっこういちう》は、そう簡単になくならん！」

司令官がそう言ったのを、まなみさんは確かに聞いた。

なぜだか背筋がぞっとした。

三日後、今度は四人の日本兵の伝令がやってきて、もう一度司令官に「戦争は終わった」と告げた。

「牛島《うしじま》中将（沖縄戦当時、第三十二軍を指揮していた司令官）も自決された。もう、こんなところにいなくていい」

これを聞いて、司令官は「わかった」と言い、その後、壕の一番後ろに行き、すぐに拳銃の発砲音が一度、壕の中に鳴り響いた。司令官は一緒に壕を出られなかった。

こうしてまなみさんは、壕を出ることになった。壕を出るとき、黒い人が現れて、三日前に撃たれた日本兵の周囲に集まっているのが見えた。彼らは決してスパイなどではなかった。まなみさんは日本兵の一人におんぶされて、その光景を眺めていた。それが黒い人を見た最期であった。


戦後、誰にもこの話はしなかった。以前、戦争の体験談を村史の形で本にする話があったときに、その編集をしている人にこの話をしたそうである。相手は話を一通り聞き終わると、こんなことを言ったという。

「怪我をされて、幻覚でも見たのかもしれないですね」

相手に悪気がなかったのは、まなみさんにも理解できた。

だが、違うのである。

黒い人は確かにいたのだ。

そして、私は彼らに助けられたのだ。

あの鍋の中で煮詰められていた、赤い子どものようなものは、一体何だったのだろうか？

それは今でもわからないという。

ニコライくん

鉢嶺《はちみね》ゆかりさんは十代の頃に視てもらったユタさんにこう言われたことがある。

「あんたには、ロシア人の男性が守護霊としてついているよ」

「なんでロシア人なんですか?」

「知らん。声がそう言うわけ。昔、糸満《いとまん》に漂着したロシア人だはずよ」

ゆかりさんはその後、糸満にロシア人が漂着した記録があるのかどうか調べたが、一切そんな記録はなかった。まあ記録にないだけで、本当にロシア人が漂着したのかもしれないし、事実は確かめようもなかった。しかし、他のユタさんに聞いても、なぜかロシア人の守護霊の姿など言ってくる人は皆無だった。

彼女はその後、糸満市のスナックで働き始め、冗談っぽく「私の守護霊はニコライくんって言って、ロシア人なのよ」と言うのが売り文句になっていた。

そんな彼女が二十四歳の頃。元ヤンキーでDVをする彼氏と付き合い始めた。周囲の友達は彼と付き合うのを止めさせようとしたのだが、本人が好きなものはどうしようもない。

だがある夜、仕事終わりに車で迎えに来た彼氏と大喧嘩した。理由はゆかりさんに好意を持っているスナックの客に、必要以上に優しくしたというのが、彼氏の言い分であった。

怒った彼氏は一方的にゆかりさんを車内で殴り、低速で車を走行させながら、八重瀬《やえせ》町の道に彼女を蹴飛ばして放り出した。

ゆかりさんは道路を転がり、頭を打った。

しばらくして立ち上がったが、頭からは血を流し、周囲は真っ暗闇である。

ここがどこかもわからない。

「ああ、ニコライくん助けて。私死ぬ……」

彼女はうわごとのように呟きながら、民家のある方へとヨロヨロと歩いていく。

すると、一つの建物のほうから、「コッチダヨ」と小さい声が聞こえた。

ゆかりさんがふらつく足取りで歩いていると、一軒の小さなコンクリートの家から、細長い二メートルくらいの腕がにゅっと突き出されて、「おいで、おいで」をしている。

血だらけの彼女は、そのまま細い腕の招きにしたがって、家の中に入った。

そこは元屋《ムートゥヤー》と呼ばれる建物で、その集落に最初に住んだ大昔の人たちの位牌がある建物である。夜中にも関わらず電球の明かりが煌々《こうこう》と輝き、彼女を招き入れた。

中に入ると祭壇があり、花が供えられていた。だが人は誰もいない。

するとまた、子どものような甲高い声が、小さく聞こえた。

「コッチダヨ……」

声のする方を見たゆかりさんは、絶句した。

ニコライくんが、そこにいたのである。

壁のシミが、まるで髯を蓄えたヨーロッパ人のように見えた。

それを見て、ゆかりさんはワンワンと号泣した。


しばらくすると泣き声に気付いた周囲の住民が駆けつけ、彼女はそのまま病院に運ばれた。

彼女はその後、ＤＶの彼氏と別れ、短大へ入学して、現在はロシアにいる。本当にロシア人が後ろにいるのかどうかは確かめようもないが、彼女はそれを確かに信じている。

ニコライくんは、今も彼女のことを事あるごとに守っているのだという。

八重瀬町にある元屋には、今もニコライくんとおぼしき壁のシミが残っている。

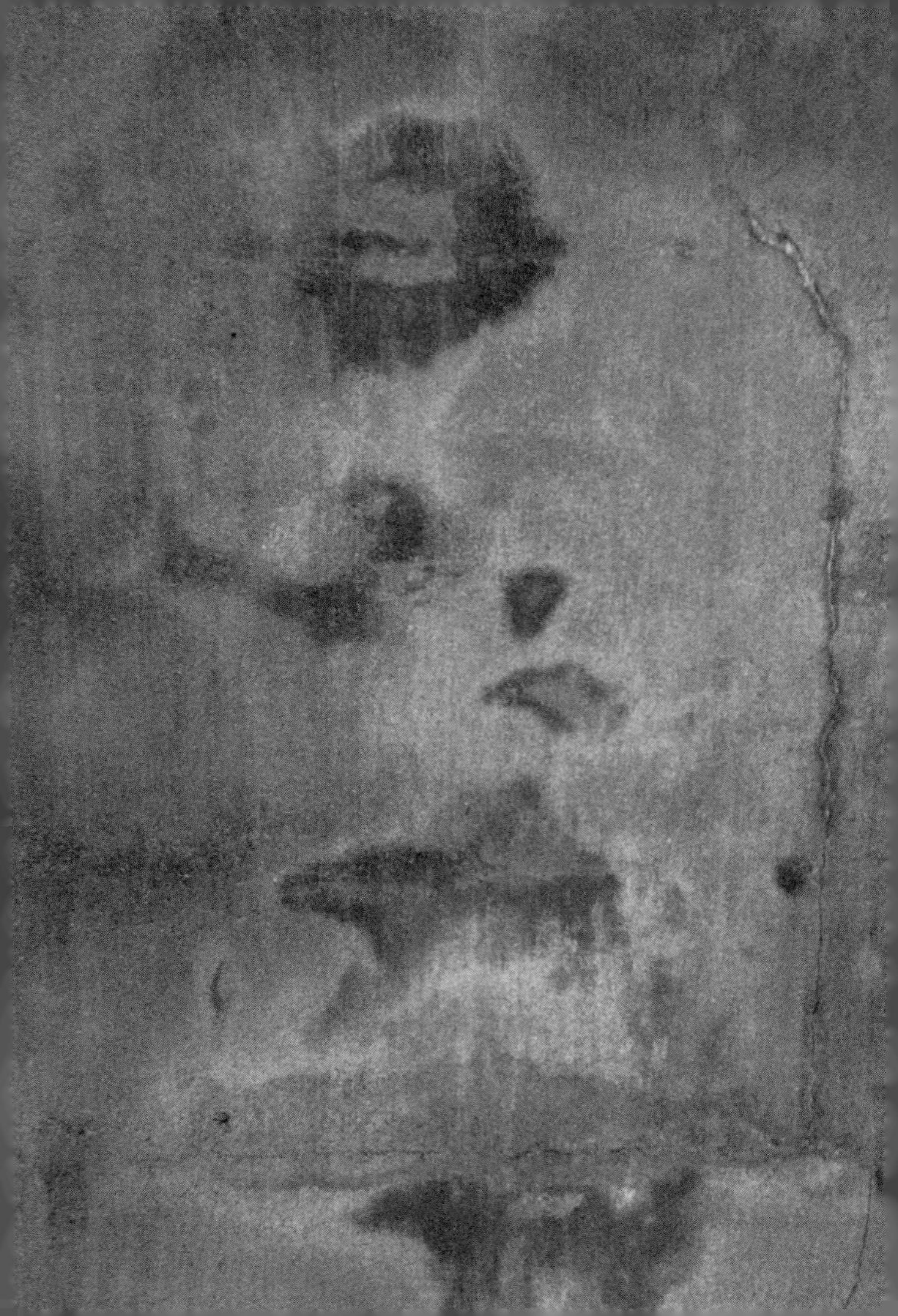

私の腕

戦前の話である。

現在も盛《もり》さんが住んでいる家の庭に、誰のものかわからない腕が落ちていた。盛さんの曽祖父が見つけて、警察にも届けた。それは人間の右腕で、すでに腐り始めていた。

誰のものかわからない腕の話は、その後盛家に伝えられていった。

時は流れて昭和五十年頃、盛さんの家が改築されることになり、基礎から全部打ち直すために、家を解体し、土地は掘り返された。

すると、庭から人骨が出てきた。相当古いもので、事件性はないと考えられた。

だが不思議なことがあった。その遺骨には右腕がなかったのである。

盛さんは、もしかしたら過去の右腕はこの人物のものかもしれないと考えた。

その後、平成十二年のこと。盛さんは沖縄市で酔っ払い運転の車に衝突され、右腕を失ってしまった。

ああ、このままでは何かに殺される、と盛さんは思ったそうである。

そこで知り合いのユタに見てもらうと、こんなことを言われた。

「過去にあんたの曽祖父は人を殺している。それは不倫相手だったが、不倫をやめるようにいったら逆上して、喧嘩の末、殺してしまった。そこであんたの先祖は相手の全身をばらばらにして庭に埋めた。その後、野良犬が腕だけを掘り返しているのが見えるよ」

「その因縁なんですか」

「ダール（その通り）」そのユタは断言した。

「なんか、馬鹿みたいな話ですけどね。過去の遺恨が子孫にまで来るなんて。でも私の右腕がないのは事実なんです。骨が出たのも事実。でもそれが祖父が殺した不倫相手なのかは結局確かめられませんでした」

そう言いながら、盛さんは左手で失った右手の付け根を優しく撫でた。

霊界通信、あるいはドクター・ペッパー

良くオジイは沖縄戦の話をした。ケンジさんは子どもの頃からそんな話をいつも聞かされた。

正直、ありがたい話だとか、貴重な話などとは、微塵《みじん》も思わなかった。ああ、また戦争の話やっさー。退屈やっさー。残酷な話は嫌いやっさー。曾オジイが爆弾の破片に首を切断される話は、何度聞いても嫌やっさー。そんな軽薄な想いしかなかった。

当時十歳にも満たないケンジさんは、オジイのそんな話に虫唾《むしず》が走った。その夜も、妹とケンジさんの二人に向かって、オジイは沖縄戦の生々しい話を、寝る前の読み聞かせのように話した。

「それで、あんたたちの曾オジイはよ、南風原の何もない丘から逃げる途中に、いきなりバッタと倒れたわけさ」とオジイは語った。オジイはこの「バッタと倒れる」という表現が大好きだった。

「バッタリ倒れたんだね」ケンジさんは、子供心にそのように訂正してから、話を聞いた。

オジイは無視して語り続ける。

「それだから、オジイはよ、てっきり曾オジイが石に躓《つまず》いて倒れたんだと思ったわけ。ところが、曾オジイの首に爆弾の破片があたってからに、血ぃぐゎーがよ、バンナイバンナイ（次から次に）流れ出してくるわけ。そんでもって、倒れた時には、首と胴体が皮一枚で繋がっている状態だったさ。ああ、戦争とはやってはいけないものであるよ。あれは人間の仕打ちではない。地獄の釜が蓋を開けるというのは、こういうことであるのか、オジイは身を持ってそれがわかったよ」

そしてオジイは涙を流し、夜のお話会は終了するのである。物わかりのいい妹は、その話を聞くと一緒になって泣いたが、反抗期でもあったケンジさんは、露骨に変な顔をして、オジイの話に興味のない振りをした。

だが実際は悲しかったのだ。恐ろしかったのだ。しかしそれを表現してオジイに伝えるのは、とてつもなく恥ずかしいことだったのである。

「戦争の話なんて、ただ悲惨で恐いだけ。きっとオジイみたいな人が繰り返し繰り返し戦争の話するから、世の中から戦争がなくならないんだろ」

ある日、みんなのいる前で戦争の話をしているオジイに向かい、ケンジさんは冷たく言った。

「お前、なんてことを言うんだ！」父親の怒号が飛んだ。

オジイはと見ると、目を真っ赤にしながらよろよろした足取りでケンジさんのもとにやってくる。てっきり殴られるか、吹っ飛ばされるかと思ったケンジさんは、思わず身構えた。

だがオジイはケンジさんを優しく抱きかかえると、弱々しい声でこう言っただけだった。

「そうじゃないいんだよ。オジイはケンジが大好きさ。お前だけはそんな目にあって欲しくないだけさ」

そして自分の部屋に戻って、その夜は出てこなかった。ケンジさんはそれからすぐに、怒り狂った牛のような剣幕の父親に張り飛ばされ、二メートル向こうのふすまに身体ごと突っ込んだ。鼻から血が出たが、意地の強いケンジさんも弱音を吐かず、部屋に篭《こも》って一人で泣いた。

それでも、オジイはいつも優しかった。お菓子をねだるとすぐに買ってくれたし、近所の共同売店で売っているドクター・ペッパーを、いつもケンジさんのために買っては、自分の部屋の冷蔵庫に山ほど入れていた。

「これは薬やしが。オジイの長寿の秘密は、これにある」

そう言いながらオジイはドクター・ペッパーを浴びるほど飲んで、嫌というほど孫にも与えた。

それから一緒に近所の川にザリガニを捕まえに行ったり、休みの日には車でスーパーまで連れて行ったりしてくれた。何かあるとすぐ、オジイはドクター・ペッパーを取り出して、二人で飲んだ。でもやはり、戦争の話だけは苦手だった。


今でもケンジさんはあの日のことを忘れない。夏休みのある日、いきなりオジイは車にケンジさんを乗せ、行く先も告げずにドライブに連れ出した。

「オジイ、どこ行くの?」

「ケンジよ、ドライブグヮーしようね」

「どこ行くの?」

「南風原《はえばる》さ」

車はいつのまにか兼城《かねぐすく》という場所にいた。オバアの経営する商店でドクター・ペッパーを二本買い、冷房の効いた車内で二人で飲んだ。飲みながら、オジイは独り言のようにこんな話をした。

「昔なあ、戦時中の話だけれど、北野さんっていう軍人がおってな。神奈川の人だったか。彼は通信兵だった。その頃は携帯もないから、あれよ、ツートントンツーっていうモールス信号であるわけ。もちろん声でも通信はしたが、遠距離はモールス信号だった。モールスわかるかぁ」ケンジさんは首を振った。

「モールスは信号だわけさ。信号で会話する。それでその、無線通信士っていうのが、北野さんっていう名前だった。はっきり覚えてる。私たちが逃げているとき、北野さんが水と乾パンを分けてくれて、一緒に南へ向かって逃げていった。北野さんからはいつも、こんなことを聞かされてな。『伊藤、路上歩行、ハーモニカ、入費増加、報告、へ、特等席』わかるかぁ？」

「何の話してるの？」ケンジさんは話がさっぱりわからなかった。

「これはモールス信号のイ、ロ、ハ、ニ、ホ、へ、トになってるわけさ。つまりイは伊藤だから、トンツー。ロは路上歩行だから、トンツートンツー。信号を覚える簡単な方法であるわけさ。そういう話をいつも聞かされてな。とにかく、いいお人だったよ。北野さんは。ちょうどこのあたりだったかなあ」

オジイは兼城の十字路近くをぼんやりと眺めた。

「北野さん、いつの間にかバッタと倒れていて、胸から真っ赤な血が池のように周囲にあふれていた。もうどうすることもできなかった。オジイはよ、曾オジイも亡くなり、親戚もみんな死んだあとだったから、心底悲しかったさ。こんな話、ケンジにしてもわからんかもしれないけど。そしてその後、部隊は孤立してしまった。無線は北野さんと一緒に壊れてしまったし、どうすることもできない。ある夜、オジイたちと日本軍の兵隊さんは、どちらに逃げるかで、集まって話をした。北か南、西か東。もうどこもかしこも爆弾だらけで、土が燃えて真っ黒になっておった。すると一人の兵隊が、頭がおかしくなっておったかもしれないが、こんなことを言った。『死んだ北野に聞いてみよう。どちらに逃げればいいのか、彼なら教えてくれるかもしれない』まったく、子供心にも、この兵隊さんはなんておかしなことを言ってるのかと思ったが、彼は本気だった。自分のヘルメットに耳をあてて、『北野、方角を信号で教えてくれ。そのくらいできるだろう』と言ったわけさ」

「それで、どうなったの？」

「音がしよった」オジイがいった。「それは、『聞いて報告、タール』と聞こえた。ツートンツーツー、ツートン」

「それってどういう意味なの」

「つまり、キタだった。北部に逃げろということだった。それで無線のないわれらの部隊は、北に向かったわけさ。それで助かったといっても過言ではない。もし南に向かっていたら、今頃死んでおった。オジイが死んでいたら、ケンジだって生まれていないわけさ」

「えー、ということは、その北野さんっていう通信兵は、死んでからメッセージを送ってきたってこと？」

「ダール（その通り）」

「ユクシー（嘘）」

「ユクシじゃないよ。オジイはちゃんとその兵隊のヘルメットが、手も触れずに音を出すのをこの耳で聞いたやっさ。それがこの場所やっさ」

オジイはそう言って黙り込んでしまった。ドクター・ペッパーを飲みながら、幼いケンジさんは背筋が奇妙に寒くなるのを感じた。怖いとかそういうのではなく、何か真実だけが持つ、独特の迫力と雰囲気に圧倒されたとでもいうのだろうか。

「今日はオジイのドライブに付き合ってくれて、助かったよ。ありがとうね」

帰り際、オジイはずっと微笑《ほほえ》んでいた。

それが縁なのかきっかけなのか、ケンジさんはアマチュア無線の世界に没頭し、中学生になる頃にはコールサインも取得し、モールス信号も自力で覚えるほどの腕前になっていた。

そんな中学生のある日のこと。二時間目と三時間目の休み時間、友達と話をしていると、校長先生がやってきて、すぐに家に帰れという。お前の祖父が危篤状態だと聞かされた。

「オジイが……」

ケンジさんはむかえに来た親戚の車に乗って、病院まで向かったが、その頃にはすでにオジイは事切れていた。あとでわかったが、大動脈剥離という病名だった。家で手を洗っていて、いきなり倒れてしまったのだ。救急車で運ばれたが、病院に着いたときには、すでに遅かった。

その夜、オジイの遺体は家に運ばれて、お通夜をした。沢山の親戚がやってきて、弔問を述べた。

ケンジさんは一人で部屋に篭って、一階のオジイの遺体のところには行かなかった。というか、行けなかった。オジイはまだ生きていると思っていた。身近な人物が亡くなったことを、受け入れられなかったのだ。

暗い部屋の中で、ケンジさんはオジイに向けて、独り言のように喋った。

「オジイよ。オジイも知っているように、自分は変わり者だから、きっとオジイと話せるって、知っているわけさ。だから答えて」

ケンジさんは、暗闇の中、モールス信号をペン先でこつこつと叩いた。

「あ・り・が・と・う」

覚え方でいうと、「あー言えばこう言う、流行地、下等席、ダク（濁点のこと）、特等席、疑う」

モールスを打っては、返信を待ち、暗闇の中耳を澄ませた。返事がないとわかると、もう一度無心で信号を打った。ツーツートンツーツー、ツーツートン。なければもう一度。

結局、暗い部屋の中で二時間ほど、泣きながらモールス信号を打った。でも返事はなかった。

「ユクシ」

ケンジさんははき捨てるように言い、布団の中で一人泣いた。

それから、出棺の日になった。葬祭場のホールで家族親戚がお別れをしてからお棺の蓋がされて、大型のバンで火葬場まで運ばれることになった。ケンジさんはお棺と一緒にバンに乗った。

車が一直線の長い下り坂に差し掛かった頃のことだった。お棺から奇妙な音が聞こえてきた。まるで誰かが金槌でお棺を叩いているような、そんなはっきりした音だった。車に乗っている親戚も、同乗していた運転手も葬祭センターの女性もその音をはっきりと聞いた。車はそれほど揺れていなかった。

「なんですかね」と誰かが言った。
コ、コ、コン、コ、コ。
コ、コ.
コ、コ、コ、コン。
コン、コ。

音は果てしなく続く。

その音を聞いて、ただ一人ニヤニヤしていたのは、誰あろうケンジさんだけであった。

「オジイ、最高」心の中で、ケンジくんはそうひとりごちた。そして、いまさらながらオジイのことが大好きになった。

なぜだかわからないが、オジイのお棺から聞こえてくるのは、メッセージとは言いがたいが、ケンジさんとの間だけで理解できる、ある商品名だった。

ドクター・ペッパー。

いつもオジイが共同売店でケンジさんのために買った、アメリカ製の炭酸飲料の名前だった。

何度確認しても、それは「ドクター・ペッパー」にしか聞こえなかった。

その日、オジイの遺体は火葬され、煙は沖縄の晴れ渡った大空の中に吸い込まれていった。

ケンジさんは毎年、オジイの命日には、もちろんドクター・ペッパーを仏壇にそっと置くのを忘れない。

平安座島《へんざじま》へのドライブ

仲座《なかざ》さんは昔、中古で買ったオンボロの軽自動車に乗っていた。ある日のこと、本土から大学の同級生が来て、中部の平安座島まで行きたいと言い出した。

いいよいいよと、いつもの安請け合いで返事をしたが、オンボロの軽自動車は、ここ一ヶ月ほどエンジンから変な音がしていたり、排気ガスが真っ白くなることがあった。だが修理する金もなく、当日、なんとかもつだろうと、仲座さんは同級生とオンボロの軽に乗り、那覇市を出発した。

お互い積もる話をいろいろしながら運転していて、ふとバックミラーを見ると、後部から白煙が上がっている。だがしばらくするとそれもなくなった。まあ今までもったのだから今日一日くらいもつだろう。なんくるないさ。仲座さんは楽観的に考えながら、車を平安座島に向けて走らせていた。

すると、浦添市《うらそえし》のあたりで、後ろの車から激しくパッシングされて、クラクションを鳴らされた。排気ガスがまたぞろ白くなったのかと思ったが、バックミラーを確認しても、まったくそんな感じはしない。だがその後ろの車は凄い勢いでクラクションを鳴らしてパッシングしてくる。

「どうしたのかな?」と同級生も心配顔になった。

「たぶん、車の排気ガスが白かったから、そのせいかな」

仲座さんは路肩に車をゆっくり停めた。後続の車も、その背後にするりとやってきて、停車した。

すると車から、一人の三十代くらいの痩せた女性が出てきて、こんなことを言った。

「すいません。そちらの車、大丈夫ですか? さっき煙をモクモク吐いていましたよ」

「ああ、調子悪いんですよ。わざわざすいません」

「あのう、変なこと言いますけどね。私のオバアなんですけど」そう言って女性は車の助手席に座っている白髪のオバアを手で紹介した。

「オバアがどうしても車を停めて伝えてくれっていうもんだから、こんなことを言っているんです。実はね、オバアが『前の車はこのまま行ったら平安座島の何もない場所で燃えて、乗っている人が死ぬから、伝えないといけない』っていうんですよ」

「は、はあ」仲座さんはそう言うしかなかった。「燃えるんですか。オバアがそう言っているんですか」

「そうです。このままだと二人とも焼け死ぬって言ってます。それも平安座島で」

「ええっと、ちょっと待ってください。私、これから平安座島に行くって、お話しましたっけ？」

「お話はこれで以上です。本当にすみません。オバアはユタで、その上頑固者で、言ったことを実行しないとすぐに怒るんです」

そう言ってそそくさと女性は車に戻り、アクセルを吹かして走り去ってしまった。

「まさかよ」仲座さんは独り言のように言った。

仲座さんは車に戻って、今見聞きしたことを同級生に伝えた。同級生は、大丈夫とは思うが、ユタの言うことだから、気持ち悪いのでレンタカーにしないかと仲座さんに提案した。

仲座さんもなんだか不安になってきたので、レンタカーにすることにして、その前になじみの修理屋に車を預けに那覇市まで戻った。

修理屋に着いてボンネットを開け、「行く途中でさ、ユタに変なことを言われてさ」と話していたそのとき、エンジンからボッと火の手が上がり、あっという間に車は炎に包まれた。みんなで消火器を無我夢中になって噴射したが、結局車は全焼してしまった。

「あの時、平安座島に行くなんて、私は一言も女性に話さなかったんですがね」と仲座さんは今になってそう語る。

「どうしてわかったんでしょうね。とりあえず、命の恩人なんでお礼をしたいんですが、誰なのかもわからず、それっきりなんです」

川遊び

タケルくんは幼い頃、沖縄市にある新興住宅地の一角に住んでいた。そこには幅五メートルくらいの古い川が流れていたが、長年掃除もされなかったので、まるでどぶ川のようになっていたという。

またその川には、ぐぐっとカーブして曲がった場所があって、そこには砂がたまって雑草が生えた一角があり、そこに降りて遊んでいたという。

川には巨大なプレコという魚が棲みついていた。プレコはもともと沖縄にいる魚ではなかったが、熱帯魚として入ってきたものがそのまま帰化してしまった外来種であった。プレコは外側を固い殻で保護された、まるで鎧《よろい》のような魚であったが、その川には沢山いて、水深も浅かったことから、タケルくんは手掴みでプレコを捕るのが楽しかったという。

ある日曜日の朝、タケルくんは川で一人で遊んでいた。プレコを捕まえては、尻尾を掴んで放り投げたり、プレコを宇宙人に仕立てて、自分なりの宇宙大戦争を繰り広げていた。

と、ふいに水面をバシャバシャと音を立てながら、誰かが歩いてくる音が聞こえた。

顔を上げてあたりを見回すが、誰もいない。

だがまた、バシャバシャと足音だけが聞こえる。

見ると、十メートルくらい上流の水面が乱れている。

バシャバシャバシャ。

まるで誰かが歩いてくるように、水面に波紋だけが広がり、それはタケルくんの方に近づいてきた。

やがてそれはタケルくんの真横をまっすぐに通り過ぎ、さらに下流へと歩いて行ったという。

家に帰ったタケルくんは、さっき見たことを母親に話した。

「タケル、もうあそこでは遊ばないで」と母親が言った。「あそこは龍脈が流れているから。神様の通り道なのよ」

それを聞いて、タケルくんは怖いというよりも、何かワクワクするようなものを感じたという。

え、神様なんだ。

会ってみたい！

幼いタケルくんはなぜかそう思った。

そこで次の日から、タケルくんはお菓子を持って川に入り、それを必ず一個だけ「神様の分」として、水面に突き出た石の上に置くことにした。

「神様、どうか家族が安全でありますように。学校でいじめられませんように」

毎日、そんなことを手を合わせてお祈りしていた。


そんなある日のこと。

学校帰り、川で遊んでいると、またバシャバシャという足音が聞こえた。

顔を上げると、音だけして、今度は波紋すら見えない。

なんだ、つまらないの。

タケルくんはその日、いよいよ神様に会えると期待をしたのだが、あきらめて家に帰った。

家に帰ると、いきなり熱を出してタケルくんは倒れてしまった。測ると四十度近い。すぐに総合病院に連れて行かれて、即入院となった。

だが熱は一週間経っても下がる気配がない。このままでは脳炎にでもなりかねない。そこで母親が「熱が出る前に何をしていたの」と聞くと、タケルくんはこう答えた。

「川で遊んでいたんだけれど、上流から足音が聞こえて、姿が見えないので帰ってきた」

その夜、看護婦がタケルくんの病室に入ると、なぜか床が濡れている。まるで濡れた足跡のようなものが、ベッドのそばから延々と廊下を通って非常階段のところまで続いていた。患者が夜中に転んだら大変なので、すぐさま夜勤の看護婦たちがモップと雑巾を持ってきてそれを拭いたが、なぜか明け方には再び濡れていたという。

次の日、タケルくんの母親が川に行って線香を供えてお祈りした。

「水の神様、どうかあの子に憑いているモノを外してください。お願いします」

すると、その夜から熱が一気に下がった。

熱が下がったタケルくんは退院したが、もう二度とあの川では遊ばないよう、母親からキツく釘を刺された。

それから何度か、タケルくんの家では玄関が濡れていることが数回あった。それは人の足跡のようで、辿っていくとあの川まで続いていることがよくあった。そのたびに母親は玄関に塩をまいた。タケルくんは、きっと川の神様が一緒に遊びたがっているのだろうと思い、そのことを何度か母親に伝えたが、そのたびに激怒されて「二度と川に入ったら許しません」と怒鳴られてしまった。

その後、大学生になったタケルくんは、地元の聞き取り調査に加わった。そこであの川に関する調査の過程で、変な話を聞いてしまった。

まさに、その川の「ぐぐっと曲がった場所」が、戦時中、上流から流れてくる死体のたまり場であったという。上流から流れてきた死体が、砂の上に溜まって、戦後しばらくは放置されていた。また川の上に突き出た岩は、その昔、龍神として祀られていた岩で戦争で祠が破壊されて、そのまま放置されているという。

「今でも時折、アパートの廊下に濡れた足跡が、晴れの日なのに付いていることがありますよ」とタケルくんは語った。

台所の穴

佐敷《さしき》さんが幼少の頃住んでいたアパートは、二階建ての木造で、雨漏りがひどかった。佐敷さんの部屋は二階の一番奥にあり、台所の床には一箇所、大人のこぶし大くらいの穴が開いていた。昼間はほとんどアパートには人気《ひとけ》がなかったという。

佐敷さんの部屋の台所にある穴は、普段は足で踏んで蓋を開けるゴミ箱の下に隠れていた。だが母親が外出しているときなど、佐敷さんはゴミ箱をどけ、穴の中におもちゃのヒーロー人形などを隠していた。

穴は約二十センチくらいの深さがあり、床板の下はさらに木の板が並んでいた。佐敷さんはよく小さな鏡をその中に入れて、奥に何があるのか確かめた。だが奥は真っ暗で、ペンライトで照らしてみても、単なる暗闇が広がっているに過ぎなかった。

ある雨の日のこと。昼過ぎに学校が終わって帰宅した佐敷さんは、一人で鍵を開けて家に入った。共働きの両親だったせいで、昼間は一人で家の中で過ごすことが多かった。

しばらくすると佐敷さんはいつものヒーロー人形を持って、台所へ向かい、ゴミ箱をどけて、遊び始めた。

しばらく、穴の中に人形を隠したり、想像の悪役と戦ったりしていた。と、何か独特のにおいがするのに気がついた。

線香である。いつも仏壇で嗅ぐ、あの香り。

と、穴を見た。穴の縁から、薄い煙がゆっくりと立ち上っている。

顔を近づけると、穴の中から上がっているのは、まぎれもない線香の煙だった。

なんだろうと中を覗こうにも、中は見えない。そこで今度は耳を近づけてみた。

すると、中からお経のような音が聞こえてくる。それも一人ではない。たくさんのお坊さんが、一斉に読経しているような感じだった。

おかしく思った佐敷さんは、家を出て、自分の家の真下の部屋に向かった。

そこには白地のパネルが掲げてあり、「入居者募集中」と書かれていた。

それ以来、穴で遊ぶのをやめたという。

人知れず、こんなところに

大嶺《おおみね》さんが、まだ二十歳の大学生時代のこと。

友達数人と、大学近くの飲み屋でしこたま飲んで、それから路地裏にある公園で缶ビールをちびちび飲みながら、話をした。

話といってもみんな酔っ払っており、あまり記憶は定かではないのだが、大嶺さんにはこんな変な記憶だけ残っているという。

ベンチに座って飲んでいると、向こうからころころと何かが転がってきて、目の前の茂みの横でとまった。長くてワサワサした何かが表面に巻きついている。

女性の生首だった。

と、今度は反対側からも、ころころと地面を転がってくるものがあった。それは大嶺さんの座っているベンチから、二メートルくらいのところで停まった。

やはり横を向いた女性の生首だった。

一人、気付いた大嶺さんだけが「あわわわわ！」と声を上げた。

「大嶺、どうした？」

友人たちがびっくりして声をかけた。

「あそこに、生首が！」

そう震えながら指差しても、他の友人には誰一人として「それ」が見えない。

「お前、相当飲んだな」と誰かが笑いながら言った。

横では大学教授に対する文句が延々と管《くだ》を巻いて続けられている。だが大嶺さんはもう、それどころではない。

そのうち、生首がゆっくりと目を開けて、こんなことを言った。

「人知れず、こんなところに」

ガラガラにしわがれた老婆の声だった。

大嶺さんは我慢できず、悲鳴を上げながら逃げた。

昔ながらのスージグヮー（細い道）を通り、なぜか古い墓のある小山へとやってきたという。酔っ払っていたせいか、そのまま小山の上までたどり着き、そこで眠ってしまった。

だが夜明け前に目が覚めた。

何かがいる。

そこらじゅうの木々の間に、女性の生首ばかりが見渡す限り、宙に浮かびながらニヤニヤ笑っていた。

大嶺さんは大声で悲鳴を上げた。

その後はまったく記憶がない。


その後、聞いた話によると、一時間あまりもの間、小山の上で悲鳴をあげていたせいで、警察が呼ばれて、大嶺さんはそのままパトカーでもよりの警察署に連れて行かれた。

昼前になり、意識が戻ったところで警察官と話をした。

大嶺さんは「あそこで一体何をしていたんですか」との警察官の質問に、覚えていることをすべて話した。

話を全部聞き終わった警察官は、興味深げに、こんなことを尋ねた。

「あの、つかぬことを聞きますが、生首っていっぱいいたの？」

「はい、公園から始まって、山の上には数え切れないくらい、いました」

「それで、何か言いましたか？」

「はい？」

「つまり、生首は何かあなたに喋ったかと聞いたんですが」

「はい。『人知れず、こんなところに』って聞こえました」

「おおう……」警察官は、感嘆ともため息ともつかない声を出した。

「どうされたんですか」

「いや、どうもしません」と警察官は言った。それっきり、押し黙ってしまった。

大嶺さんは今でも、意味のわからないその言葉だけが、夢に現れてくることがあるそうである。

人知れず、こんなところに。

一体、過去に何があったというのだろうか？

イランの石

シカゴ出身のダレンさんと沖縄出身の恭子さんは、友人が主催したとあるパーティで出会い、すぐに恋におちた。ダレンさんはヘリのパイロットとして沖縄に派遣されてきた軍人で、恭子さんはその頃はまだ大学生だった。

ダレンさんは非常にまじめで穏やかな性格で、どちらかというと恭子さんのほうがすぐカッとなったり、感情的な部分が大きかった。喧嘩になっても、いつも謝るのはダレンさんだった。ダレンさんは日本が大好きで、仏像の写真などを眺めて、のんびり過ごすのが大好きだった。

そんな彼らは、恭子さんが大学を卒業と同時に結婚、すぐに男女二人の双子に恵まれた。スタンくんとナギちゃんである。

家族はいつも一緒で、休みの日などはよく基地の中にあるショッピングセンターで一緒にブルーシールアイスを食べるのが日課だった。毎日がとっても楽しく、家族でいることが天国そのものだと恭子さんには思えた。

そんな折、どうしようもない事態がダレンさんたち家族を襲った。

すなわち、湾岸戦争である。

ダレンさんも母国からの要請に応じて、荷物をまとめて中東へと旅立っていった。

別れの朝は悲しかった。恭子さんは二人の子どもの手をつなぎながら、いつまでも夫が乗った軍ナンバーのバスが道を走っていくのを目で追っていた。

「さあ子どもたち」と恭子さんは言った。「お父さんが無事に帰って来れるように、あなたたちはよい行いをしなければならないよ。神様は見ていて報いてくださるからね」

二人の子どもは力強くうなずいた。その日から子どもたちは朝と夜、起きた後と眠る前にひざまづいて神様にお祈りし、家の窓やトイレを掃除したり、学校でも先生の言うことをよく聞いた。

「あのさ、よいことをしたら、神様はパパを守ってくれるのかな」とスタンくんが眠る前にナギちゃんに言った。

「うん、絶対にそうだよ。守ってくれるもん」

幼い二人は手をつないで眠った。

だがダレンさんが出征して一ヶ月後のこと。正装をした兵士二人とスーツを着た年配の男性がやってきて、朝早く家のドアを叩いた。そして恭子さんに一通の白い封筒を渡し、敬礼して去っていった。

それには、夫のダレンさんが、任務を遂行中に敵軍のバズーカに撃たれ、ヘリコプターは墜落し、名誉の戦死をしたとタイプされてあった。

その瞬間、恭子さんの脳裏に映像が見えた。夫の操縦するヘリコプターが、火を噴きながら回転して、砂漠の中に落下していく光景だった。

恭子さんは文字通りその場に崩れ落ちた。まるで彫像が支えを失って崩壊するかのように。

言葉はなかった。ただ激しい怒りの感情と喪失感だけが体中を貫いた。大声で彼女は泣き叫んだ。涙はいくらでも彼女の内側から溢れてきた。

やがて学校から帰ってきた子どもたちも、玄関で崩れ落ちる母親の姿を見て泣いた。

彼らの優しい父親は、もうこの世にはいない。それはきつすぎる真実であったが、まさに今起きている現実そのものだった。

その後、ダレンさんの遺体は発見されなかったと連絡があった。したがって認識票《ドッグタグ》もなかった。ただダレンさんが使っていたノートとシカゴ・カブスの帽子だけが箱に入れて送られてきた。遺体も認識票もなくては死んだことを信じることは難しかった。毎日恭子さんは自分の信じる神様に祈り続けた。どうか神様、夫を帰してください。どこかで生き残って、いつか私たち家族の下に帰って来れるようにしてください。だが祈りは届かず、むなしく時間だけが過ぎていった。

やがて彼らは基地の中の住まいを出て、那覇市にある両親の家へと住むことになった。子どもたちは当然反対した。父親との思い出の詰まった場所を後にするのは、父親からますます遠ざかることになるからだ。だが女手一つで、しかも基地の中で子どもを二人も育てることは、もう出来ない。実家の両親の助けがなければ不可能だ。

そこで彼らは夫の死から半年後、その場所を出て那覇市へと引っ越した。

両親は彼らを温かく受け入れてくれた。最初は心を閉ざしていたスタンくんとナギちゃんも、次第に心を開くようになっていった。だが恭子さんだけはなかなか夫のことを忘れることができなかった。子供たちの前では気丈に振舞っても、一人になった途端、非情なまでの悲しみが泉のように湧き出した。

神様なんていなかったのだ、と彼女は心の中で叫んだ。

私は今まで一体何に対して祈っていたのだろう。

夫はクリスチャンのくせに、どうして毎日飽きもせず仏像の写真ばかり見つめることが出来たのだろう。

神はおらず、ただ戦争と悲しみしかこの世界には存在していないではないか。

祈りなんて無意味だ。

みんな神を呪いながら、失望して死んでいくのだ。きっとそれが真実なのだ。


ある日のこと、恭子さんを心配した友達が、一緒にランチをしようとデパートに彼女を誘った。

だが途中で耐え切れなくなり、彼女はトイレに行くと言い残して、一人でデパートの屋上に上がった。

屋上にいると携帯が鳴ったが、彼女は無視した。硬いコンクリートのベンチに座りながら、彼女は飛び降りることを考えた。塀をよじ上ることが出来れば、どんなに楽だろう。重力に逆らわずに、あるがまま落ちていければ、どんなに楽になれることか。

やがて彼女は立ち上がり、乗り越えられそうな塀のところに来た。

次の瞬間、誰かが背後から彼女の名前を呼んだ。

ふっと我に返り、恭子さんは振り返った。

そこには、ランチに置いてきた友人の姿があった。

「死のうよ」と唐突に友人が言った。

言ったというよりも、そういう感情がナイフのように心の中に入ってきた。

「死ぬ」と恭子さんは答えた。友人はいつの間にかいなくなっていた。

恭子さんはそのまま塀を上ろうとした。なぜだか人のうめき声のようなものが聞こえてきた。苦しみに耐えられない人間が、あきらめて発する最後の声のようだった。誰かが彼女の背中を押した。もうちょっとだからね。あと少し。頑張って、楽になろうね。

涙がとめどもなく流れてきた。

と、どこからか別の声が聞こえてきた。

「恭子」と誰かが耳元で囁いた。

ダレンさんの声だった。

ふと我に返って、恭子さんは辺りを見た。

そこに夫の姿はなかった。というより、恭子さんの近くには人が誰もいなかった。

彼女は力を失い、再びベンチでうなだれて、夕方になるまで動けなかった。


毎日が無気力な生活になってしまったが、それでも恭子さんは二人の子どものために精一杯働いた。どうにかして子どもたちを守ってやらなければという想いが、恭子さんの魂のエンジンを動かしていた。そんなとき、一人の白人兵士が恭子さんのもとを訪れた。

「私はダリルと同じ部隊にいたジャクソンというものです。ダリルにはいつも励まされて、助けられました」

見るとジャクソンさんの左手がなかった。二人はしばし抱き合い、涙を流した。

「これを渡そうと思って」

ジャクソンさんは紙袋を恭子さんに手渡した。

「何ですか?」

「石です。ヘリコプターが撃墜された近くにあったものです。乗っていた兵隊はみんな遺体が見つからなかったんです。だから身代わりに石をイランから持ってきました」

封筒の中の石はゴツゴツして、赤茶色をしていた。恭子さんの涙がその上に落ちると、それは血のような赤色に変化した。

それからほどなくして両親の薦めもあり、北部のヤンバルのコテージに家族三人で三日間宿泊することになった。

その日の夜、食事も終え、疲れた恭子さんは芝生の上にゴロンと横になった。しばらくするとスタンくんとナギちゃんもやってきて、三人は手をつないで星空を眺めた。

誰も何も言葉を発しなかった。

やがて疲労でウトウトし始めた頃、どこかでヘリコプターの音が聞こえてきた。

「パパだ」思わずナギちゃんがそう漏らした。

すると東の空から、赤い点滅灯をともした一機のヘリコプターが、バリバリという音をさせて飛んできた。夜なのに、なぜかヘリコプターの色と輪郭まではっきりと見えた。ヘリコプターはカーキ色に塗られ、明らかに米軍のものだとわかった。やがて驚くほど近くに来ると、ヘリコプターはホバリングしながら恭子さんたちの上空で停止した。

その瞬間、ローターのバリバリという音も、羽の風圧もなくなった。

風の音さえしなかった。

ヘリコプターの操縦席に座っている男性が、愉快そうに両手を振っていた。ヘルメットではなく、好きだったシカゴ・カブスの帽子を被っている。夫のダレンさんそっくりだった。

「ああ、あなた……」

なぜか恭子さんは金縛りにあい、動くことが出来ない。

「ずっとそばにいるよ」

突然そんな夫の声が聞こえてきた。

次の瞬間、バキッという何かが割れる音がして、彼女は正気に戻った。

ああ、夢だったのか。

彼女は夜空を見上げて、夜の芝生の上に横たわっていた。芝生の感触が首筋をチクチク刺激する
両側の子どもたちが、二人とも今目覚めたように起き上がった。

「ねえねえ、パパが来たね」とナギちゃんが言った。

「手を振ってたよ」とスタンくんも言う。

夢じゃなかったと、恭子さんは思った。

なんだか心の重荷がなくなったような気もしたが、なぜか胸の辺りにモヤモヤした感情が残った。


それから彼女は頻繁に夫の夢を見るようになった。コンビニエンスストアのパートで働きだしても、店内に夫の姿があるような気がしてならなかった。夫はいつも柱の影とか、店の外の駐車場から恭子さんをうかがっているような気がした。それは子どもたちも同様で、いつも父親がそばにいてくれると嬉しがっていた。

「きっとぼくたちが心配で、天国から帰ってきてくれたんだ」とスタンくんが言った。

最初の頃は、それでいいと思っていた。

だが夫の死から五年後のある日、おかしな事件が起こった。

恭子さんはコンビニエンスストアでの働きが認められ、店長に昇格することになった。彼女自身もその仕事を気に入っていた。オーナーも店員もいい人ばかりで、文句のつけようがなかった。

その日、オーナーの男性からバックヤードに呼び出された恭子さんは、こんなことを突然言われた。

「恭子さん、ぼくは君の二人の子どもたちのお父さんになれるかな？」

それは事実上のプロポーズであり、あまりに突然なことに正直戸惑ってちゃんとした返事ができなかった。

そろそろダレンのことを忘れて、前に進まなければいけない。彼女は心底そう思っていた。

オーナーは人当たりがよく、すごく謙遜で尊敬できる相手であった。

次の日、前向きな返事をしようとコンビニエンスストアに出勤した。もうあれから五年経っている。私は幸せにならないといけない。二人の子どもを成人させるまでは、お金を稼いで生きていかなければならないのだ。

すると店員の一人がこう言った。

「恭子さん、オーナーが昨日、車でガードレールに衝突して、そのまま入院したそうですよ」

びっくりした恭子さんは仕事が終わるとすぐにオーナーのもとに見舞いにいった。

オーナーは命に別状もなく元気であったが、病室を出た瞬間、病棟のエレベーターの前に立っているダレンさんらしき人影が見えた。人影はそのまま閉じたエレベーターのドアに逃げるようにして消えてしまった。

「まさか……」

恭子さんは思わずため息を漏らした。

オーナーを事故に合わせたのは、もしかしたら死んだ夫なのだろうか？

恭子さんの心の中には、解決されないモヤモヤしたものが、日増しに大きくなっていった。

それからしばらくして、恭子さんは夜中にうなされた。

苦しくて目を開けると、そこに死んだダリルさんがいた。

ダリルさんは悲しそうな目で恭子さんを見つめ、一言「ハニー……」と言って消えた。

恭子さんはそれから数ヶ月後、病院を退院したオーナーと、二人きりでレストランで食事をしていた。話題は二人の今後の生活のことだった。オーナーの男性はいつでも自分が家族を引き取ると言い、今住んでいる一軒家に引っ越してくればいいと、恭子さんに言ってくれた。そして、出来ればこのあと一緒に指輪を買いに行ってもいいよとさえ言ってくれた。

　恭子さんは涙が出るほど嬉しかったが、反面不安でもあった。

「あのね、信じないかもしれないけど、ちょっと話を聞いてね」

「なんだい？」

「実は死んだ夫のことで」

「ああ、どうしたの？」

「うん、それがね……今もそばにいる気がしているの」

「うん、そうか。子どもたちが忘れられないんだね、お父さんのことを」

「ちょっと違うの。あのね、前の夫は今もそばにいて、見張っている気がするの」

「どういうことだい？」

「あなたこの前事故にあったでしょ。あの後病院にいたの。死んだ夫がね」

「それはないいんじゃないか。だって旦那さんは死んでいるし」

「違うのよ。あなたには理解できないかもしれないけど、今は私の話を信じて。前の夫をどうにかしないと、いつかあなたは殺されちゃうかもしれないの」

　そこで二人は話し合い、オーナーの知り合いの黒島ハルさんという人に見てもらうことになった。

「彼女はユタなんだけど、本人はユタじゃないって言い張っていて」とオーナーが説明した。

「つまり、視える人なんだけど、それを売りにしていないというか。でも実力は確かだから、一度視てもらおう」

そこである日曜日、事前に電話で予約を取ってから、浦添市《うらそえし》にある黒島家に二人で出向くことになった。

「こんにちは。どうしたのかね」と二人を出迎えたハルさんは語った。

「あの……人は死んでも、この世に留まることは可能なんでしょうか」

「そりゃもちろん、可能ですよ。ああ、それは亡くなった旦那さんのことかい。黒人さんだね？」

「はい、そうです」何も言っていないのにハルさんにそう言われて、恭子さんは戸惑った表情を浮かべた。

「わかるんですか？」

「だってあんたたちが来る前から、大柄な黒人の兵隊が入ってきて、私の邪魔をするわけさ。嫉妬、嫌がらせ、そして悲しみ。そういった感情しか伝わってこないさ。話をしないでも、だいたいわかりますよ」

「もしかしたら前の夫が、私たちの邪魔をしているんじゃないかって、そう思ってしまって」

「そう思ってしまうも何も、邪魔していますよ」

「どうしたらいいんでしょうか?」

ハルさんはしばらく考え込んだ。

「旦那さんはどこでお亡くなりになったんですか?」

「イランです」

「亡骸《なきがら》はどこに埋葬されているんですか?」

「発見されなかったんです。場所は敵軍のエリアらしくて」

「ああ、じゃあ石を取りにいけないねえ」

「石ですか?」

「沖縄ではマブイグミといって、ご遺体が出なかったりした場合は、その近くにある小石を拾って、それにマブイ(魂)を込めて、家まで連れ帰るんですよ。それはちょっと不可能だねえ」

「ちょっと待ってください。石ならあります」

恭子さんは、いつかジャクソンと名乗る兵隊が持ってきてくれた石の存在を思い出した。

そこで後日、約束を取り直して、恭子さんは石を持って再び黒島家を訪れた。

「可愛そうにねえ。この人に罪はないんだよ。わかるねえ？」

ハルさんが石を持ちながらそう言った。

それからダリルさんの名前を呼びながら、「ここに入りなさい」と呼びかけた。そして胸元で石を抱きしめるようにして持つと、恭子さんたちと一緒に車に乗り、沖縄県中部にある勝連城址までやってきた。

「ここの神様に面倒みてもらおうね」

ハルさんはそういって石を抱えながら先頭に立ち、一緒に城址を登った。

いつもなら観光客で溢れているはずが、なぜかその日は城址の上には人影がなかった。

ハルさんは城址の上にある一つの穴を見つけて、その中に石を優しく置いた。

「死んだ人は、行くべき道がある。あんたはもうここにいなくてもいいんだからね。わずらいは全部捨てなさい。彼女と家族は、心配ないからね」

そういって石の上に泡盛をやさしくかけた。石は血のように赤くなり、そしてやがて城址の上に雨が降ってきた。ハルさんたちは最後に深々と頭を下げて、その場を後にした。

それ以来、恭子さんの周囲では奇妙なことが起こり続けている。

もしかしたらそれは奇妙なことではないのかもしれない。当然のことかもしれないが、考えれば誠に奇妙である。

なぜかいろんな人から、日本、いや世界各地の石をもらうのだという。

最初はジャクソンさんの仲間でダリルさんを知る人たちから、石や水晶をもらうことが多かった。

「なぜかこの石をあなたにあげないといけないと思って」

石を持って来た人は、口々にそのようなことを言った。

その中にはクェートから持って来た石、アフガニスタンの死んだ兵隊のそばに落ちていた石など、さまざまであるが、なぜかそのような行き場のなくなった石が、恭子さんの周囲に集まるという。

その後恭子さんはコンビニエンスストアのオーナーと再婚し、幸せな家族を築いている。もうダリルさんの視線は感じなくなったが、それでも時折、誰かからの視線を遠くから感じることはあるという。

「でもだいぶ変わりましたよ。嫉妬とかそういうものではなくて、遠くから私たちの幸せを願っている、そんな視線に変わりました」


その後、勝連城址に登り、穴の中を見たが、なぜか赤茶色の石は粉々に割れて、ちらばってしまっていたという。

イランから持ってこられた石は沖縄の雨に打たれ、粉々になって、この大地に溶けていった。今ではもう、この島の一部だ。そこで暮らす悲しみを抱えた人たちを、静かに見守っている。

ブトキ1
イチジャマゲーシ

浦添市の黒島《くろしま》家には、少し前まで奇妙な人形が一体、仏壇の中段に保管されていた。

昔の琉球人形で、三線《さんしん》を持っている白いかすりを来た女性の人形である。かなり古いものなのか、あるいは何らかの理由で保管状態が悪かったのか、汚れが目だち、ところどころ、角が欠けたりしていた。


黒島家に伝わる話はこうである。

昔、黒島家にはカマドゥという名前のオバアがいた。彼女はユタだった。

カマドゥは安い金を取って依頼人の人生をハンジ（占い）するようなユタではなく、イチジャマを飛ばすことを目的にやってくる客のためのユタだった。イチジャマとは本土の言葉でいえば生霊のことである。つまり、金を貰って相手に恨みの念を飛ばすのが仕事だった。

イチジャマを飛ばす方法は数多くあるが、カマドゥが使ったのはススキ、もしくは木片で作った人形だった。ススキは枯れていてはいけない。緑色のものを束ねて人形を形作るのである。その人形に相手の名前を書き、新月の夜に鍋で煮て、最後に針か釘を人形に刺すのである。そして人形は三日三晩逆さになって吊り下げられ、三日目の夜に炎の中に投じられる。その行為をカマドゥは「ブトキ」と呼んでいた。おそらく「仏」の意味だろうと、黒島家では語られている。

カマドゥは結構な数の「ブトキ」をこなしたそうで、中には確実に相手が死んでしまったという例もあった。

そしてイチジャマを飛ばすと、中には反撃してくるものもいた。すなわちイチジャマゲーシ（生霊返し）である。これにあうと、いくら力の強い者でも憔悴してしまう。

そこで、カマドゥが取った防衛策は、身代わりの人形を用意して、そこに相手のイチジャマを集めることだった。そのイチジャマゲーシに使われたのが、くだんの琉球人形であった。

「怖くて私たちも普段は触りませんでした」と今年六十歳になる黒島家のハルさんは言う。

この琉球人形は夜中に良く悲鳴を上げる。それは人語にならない叫びで、女性が呻き苦しんでいる声が一晩中聞こえるという。

一度、あまりにうるさいので、仏間にある金庫の中にいれたことがあった。次の日、かなり重量のある金庫は横倒しになっていた。中の人形は無事であった。


またこの人形は子どもの声でささやくという。

「イチジャマシタティ（生霊仕立て）」と、寝ている間にささやくといわれている。あるいは「イチジャマガナシィ（生霊の神）」とも聞こえるという。それは、カマドゥがイチジャマの儀式を始める際に、最初と最後に喋った言葉だといわれている。いわゆるグイス（祝詞）である。それが時折、夜中の仏壇から聞こえてくるという。


少し前のこと、この人形の話を聞きつけて、一人の男性が黒島家にやってきた。黒島家の者は誰も会ったことはなかったが、調べると確かに遠縁の親戚だった。名前を大嶺《おおみね》と名乗るこの男性は年の頃五十代、白髪交じりでよれよれのスーツを着ていた。

「今日はよ、あんたに頼みたいことがあるわけよ」大嶺さんは黒島家のハルさんにそう言った。

「はい、なんでしょうか?」

「あの人形グヮーを使って、ちょっと仕事を頼みたい」

「あの人形って?」

「ブトキさ。わかりますよね」

「それは……私には出来ませんよぉ。あれは明治大正の話です。カマドゥオバアはもういません」

「何を言ってるかぁ。あんたがおられるじゃないか。ハルさんよ」

「私?　大嶺さん、今日初めて会うけどね、あんた大変に失礼なお人だね。私に出来るとでも思っているのかねえ」

「もちろん。私は母からあんたも相当に力があるって、幼い頃から聞かされたさ」

「出来ません。無理です」

「そこを何とか出来ないかねえ」

「あんた相当なフラー（馬鹿）だね。アビランケ（かなりの）」

「そこを何とか。私も困っているんだよ」

「そんなことをしたら、あんたの命も取られるかもしれないよ。えー、一体何があったんです？」

「実は、私は〇〇会社の社長をしております」

「まあ、あの有名な会社ね。知ってるさ」

「その会社を、乗っ取ろうと私に罠をかけたやつがいる。名前も住所もわかってる。そいつのおかげで、私は離婚の危機になり、娘は交通事故に巻き込まれて死にました」

「よくわかりませんが、娘さんがどうしてその人に関係しているんですか」

「わかるんですよ。イチジャマを飛ばされているのが。昼も夜もそいつの顔が心に浮かぶ。笑い声が耳に響く。胸の中がムカムカして、怒りが一日中収まらない。全部あいつのイチジャマのせいです。そして、あいつは電話ではっきりと言ったんです。『お前の家系は滅びろ。カマドゥの時代から、お前の家系とおれの家系はオーラセー（戦争）してる』と。だからハルさんよぉ、ブトキを使って、イチジャマゲーシをしてくれないか」

「あんたの話で一番よくわからないのは、私にブトキを使う力があるとでも錯覚しているのが、一番よくわからないさ」

「母は、生前あんたのことをいつも話していた。あんた、幼い頃のシーミー（お盆）で、玉虫を呼んだことがあるそうじゃないか。その話はいつも聞かされましたよ」

ハルさんはそれを聞いて、なんとなく思い出した。

ああ、そんなこともあったねえ。


ハルさんがまだ十歳にも満たない少女の頃、親戚二十名ほどが一族の墓に集まって、シーミーをしていた。糸満市にある亀甲墓に集まり、墓を掃除したり、クワッチー（ごちそう）を食べたりして、墓参りというよりも親族一同の年一回の集まりのような感じだった。

その頃のことは、ハルさん自身はあまり覚えていないが、どうやらこんなことがあったらしい。

シーミーもそろそろ終わりにさしかかろうとした午後四時ごろ、墓の周囲に巨大な虫たちが羽音をブンブンさせながら大挙して飛来した。アブであった。アブは一匹が二センチ以上もある大型のもので、親戚たちにまとわりついて、様子がおかしかった。まるで巨大なハエのような姿かたちは、見ているだけで気持ちが悪かった。

その時、ハルさんの母親は、これが新城《あらぐすく》家の嫌がらせであると、すぐに見抜いた。

「これは危ないよ。きっと新城家のものだよ。帰ったほうがいいね」

そこでみんなは敷いていたブルーシートを片付けたりし始めたが、当時子どもだったハルさんだけは、墓の前から動こうとしない。口からは、おかしな言葉が漏れている。

「イチジャマシタティ、イチジャマシタティ……」そう聞こえた。

そして墓の漆喰《しっくい》を、つめ先でガリガリと削り始めた。

すると、どこから現れたのか、七色の玉虫が何匹も飛来し、それにつれてアブが急に姿を消した。

ハルさんは、腕に何匹も玉虫を這わせながら、ささやくように同じ言葉を発していた。

「イチジャマシタティ、イチジャマシタティ……」

ハルさんの母親は、そっと娘を抱きしめながら、涙を流したといわれている。

話を聞くと、大嶺さんの母親もその場にいたということだった。

「その話を、私は子どものときからずっと聞かされ続けてきました」と大嶺さんは言った。「そして、私の会社を乗っ取ろうとしているのも、その話に出てきた新城家のものなんです」

新城家の話はよく聞いた。ハルさんも知っている。だがそれは昔々、大昔の話だ。

「あれは民話の世界の話ですよ」とハルさんは言った。

「違いますよ」と大嶺さんは食い下がった。「今もあいつらは、うちの家系に恨みを抱いている。それははっきりしていることです」


その昔、黒島家と新城家は親戚同士であったが、隣り合った二つの集落にそれぞれ暮らしていた。この二つの集落は、非常に仲が悪かった。もともとは二つの集落の境目にあった井戸が原因だった。昔の琉球の人々にとって、井戸水を確保するのは生死を分けることだった。この井戸の所有権を巡って二つの村は対立し、夜な夜な殴り合いの喧嘩が続いたという。そこで嫌がらせの意味を込めて、それぞれがフーゲーシ（魔除け）のシーサーを相手の村に向けて設置したり、集落の境界線に牛の骨に血を塗ったシマクサラシを掲げたりした。顔を合わせれば石を投げあい、お互いの畑を荒らしたりした。

そして彼らは、お互いの集落にいたユタに助けを求めた。それが今の黒島家と新城家だった。

彼らはお互いの方法で戦いあった。すなわちイチジャマの術を使い、それぞれを殺そうとしたのだ。

　そんな話があったと伝承されているが、実際に井戸を巡って集落が喧嘩をするのは、昔の琉球では日常茶飯事のことだった。それ以来、新城家と黒島家は、お互いを敵視するようになったといわれている。

　だがハルさんは、その話を若干疑問視していた。というのも、新城家の人間とは六十年間一度も会ったこともなければ、最近の動向なども聞いたことがなかった。だから、スマートフォンが流行しているこの時代に、いきなり過去のイチジャマ戦争のことを持ち出されても、あまりピンとこなかった。

「あのう、残念ですけれどね」とハルさんは話した。「私もイチジャマを否定はしませんよ。でも現代は平和な世界、平和な琉球になっているじゃないですか。その時代にわざわざ過去の貧しかった時代の因縁を持ち出すのは、私としてはどうもしっくりこないんですけどねえ」

「何を言っているんですか。あなたは先祖を否定するんですか？」

「いえいえ、そんなことはしませんよ。でも先祖は先祖、私たちは私たちですよ」

「じゃあお願いです。三日間でいいですから、ブトキを貸し出してもらえませんか」

「あれは貸し出せません。悪いことに使われないようにちゃんとしまってあります」

「あの、悪いんですが」と大嶺さんはいきなり感情的になって言った。「これをしないと、私は首を吊ります。あんたの家の庭で吊ってやる。そうすれば新城家の思いのままだ。それでもいいんですかね」


その夜のこと。黒島家では近い親戚が集まって、会議が行われた。

黒島家にはカマドゥの時代にはユタや三仁相（さんじんそう）と呼ばれた占い師が沢山いた。だが戦後はもうそのようなものたちは出ていない。霊感がある人は数人いたが、それでもブトキを使いこなせるような力のあるものは誰もいない。

この会議の結論は、夜中二時くらいまでかかってようやく出された。

それは、今回の大嶺家のことについては、なかったことにするというものだった。

集まった親戚のほとんどは、現在の大嶺家とはまったく繋がりがなかったのも、理由の一つだった。だが一番の理由は、ブトキに触れるものが誰もいないということだった。

信じていないわけではなかった。

みんな、それを信じているからこそ、触れたくなかっただけなのだ。

だがしばらくして、本当に恐ろしいことが黒島家を巻き込み始めた。これは序章に過ぎなかった。

ブトキ2
開かれるブトキ

大嶺さんが訪ねてきてから一週間ほど経った頃のこと。

ハルさんが近くのスーパーから買い物をして車で帰ってくると、いつも車を停めている駐車場にパトカーが一台停まっていた。自分の車が停められないので路上駐車して家に入ると、娘のミカさんが制服警官二名と喋っていた。

「お母さん、大変よ！」ハルさんに気付いたミカさんはそう切り出した。

そこで警察官と一緒に庭に行くと、そこにはさらに二名の警察官がいた。

庭にあるリュウキュウマツの木で、人が首を吊っていた。

遠くから見ても誰だかわかった。大嶺さんであった。

「ああ、あらんがや……。あらんがや……。何てこと……」

今しもだらんとした首の大嶺さんの亡骸《なきがら》を、警察官が地面に下ろすところだった。

遺書はなかった。会社を手放すことになったので、借金もあり、そのせいだろうとみんなは噂しあった。だが、なぜ家ではなく、黒島家の庭で首を吊ったのか、その理由がわかる人間は、ハルさんしかいなかった。

「これは、私にも責任があるよ」

ハルさんは、大嶺さんの火葬に立ち会いながら、そんなことを考えていた。

火葬場で大嶺さんの遺体が荼毘《だび》に付されたその帰り道、娘夫婦と軽自動車に乗って豊《と》見城《みしろ》大橋を渡っていたときだった。

イチジャマシタティ、と誰かが言った。

びっくりして振り返ったが、車内の誰もがキョトンとした顔をしている。

「今、何か言ったかね？」

「ううん、何も言ってませんよ、お母さん」義理の息子が言った。

イチジャマシタティ。

また聞こえた。

声はかすれた女性の声だった。

その夜から、ハルさんはうなされ始めた。

家の二階で寝ていると、夜中、誰かが階段を「どん、どん」と上ってくる音が聞こえ、そのままふすまが「がらがらっ」と開けられる。その瞬間、ハルさんの肉体を金縛りが襲った。

目だけ開けられる状態で天井を見つめていると、よれよれのスーツを着た半透明の大嶺さんが、タバコを吹かしながら現れた。

「家族をどうにか」と大嶺さんは言った。「家族をどうにか」

ハルさんは口が開けないので、心の中で必死に大嶺さんに訴えた。

「大嶺さん、あんたは死んだのですから、どうぞ安らかにグソー（霊界）に行って下さい」

大嶺さんは声がまったく聞こえないように、布団で眠っているハルさんの周囲をぐるぐると回り始めた。

「家族をどうにか」とまた声が聞こえた。

夜が明けるまで、大嶺さんはハルさんの枕元を離れずに、しつこく付きまとった。

目を覚ますと、部屋の中にはタバコの臭いがきつく漂っていた。

次の日も、また次の日も、大嶺さんはハルさんの枕元に現れては、ぶつぶつと呟きながら歩き回った。そのことをミカさんに言うと、こんなことを言われた。

「普通ならユタを呼ぶのに、あ、間違えた。お母さんがユタだったね」

「ならんよ。そんなこと言うもんじゃない。私はユタでも霊能者でもない。ただのおばさんだよ」

「ユクシムニ（嘘つき）」

「ユクシじゃない。本当のことだよ」


それからも毎晩、大嶺さんはハルさんの枕元に立ち続けた。

ある夜は、もうどうにも眠れないので、ハルさんは枕元に包丁と鏡を置いた。これはイチジャマを遠ざける、もっとも簡単な方法だった。この場合、大嶺さんの霊はイチジャマではなくてシニマブイ（死んだ魂）であったが、この際そんなことはどうでもいいような気がした。

すると、部屋の外で泣き叫ぶ声が聞こえた。すすりなくような、大嶺さんの声である。その声を聴いていたハルさんは、何だか申し訳なく思い、すぐさま包丁と鏡を片付けた。

「悪いねえ」ハルさんは独り言のように、布団の中で呟いたという。「申し訳ないねえ。あんたもうちの親戚なのに、どうしたらいいかねえ」

そう考えると、急に大嶺さんのことが哀れでしょうがなくなってしまった。

とにかく、自分に出来ることからやろうと、ハルさんは次の日、お菓子のお土産《みやげ》を買ってから、大嶺さんの実家へ行くことにした。


大嶺さんの実家は東風平《こちんだ》町にあり、簡単に見つかった。チャイムを押すと、大嶺さんの母親と奥さんが現れた。ハルさんを見ると、二人の顔色が変わった。

すぐさま応接室に招き入れられたハルさんは、亡くなった大嶺さんの奥さんから、すぐにこんなことを言われた。

「ハルさん、復讐してください」

「そうだねえ」ハルさんはなんだか気が重かった。

その瞬間、部屋の中で白木を割るような「パキッ」という音が鳴り響いた。

あまりに音が大きかったのでハルさんはびくっとしたが、奥さんと母親はその音に動じることなく、じっとハルさんを見つめたままだった。

「凄い音だねえ」とハルさんが言った。

「新城です。いつもです」母親が言った。「このままでは、私の家系は絶えてしまう」

「ブトキ、お願いします」と奥さんが言った。「お金でしたら出します。いくらぐらいでしたら、していただけるのですか?」

「いや、お金は要りません。もしかしたら大嶺さんを殺したのは、私かもしれませんから」

「あなたじゃありませんよ」と母親が言った。「殺したのは、あいつらです」

「ちょっと見て欲しいものがあるんです」奥さんがそういってハルさんを別の部屋に連れて行った。

ハルさんたちは大嶺家の居間にやってきた。十二畳くらいある立派な部屋で、床の間にはちゃんと床の神が祀られていた。だが何か変だった。

床の間の、普段なら掛け軸が掛けてある壁面に、何かシミのようなものが浮き出ている。茶色い壁面に、さらにどす黒いシミが、何か恐ろしいものを浮き立たせていた。

顔である。縦に長くゆがんでいる。どう見ても口をあけて悲鳴を上げている人間の顔である。ハルさんは一目見て、それが恐ろしいものを含んでいることに気がついた。

「これは……よくないねえ」それしか言えなかった。

すると、どこから持って来たのか、奥さんが出刃包丁を取り出して、その顔の真ん中に刺した。

よく見ると、壁面には他にも出刃包丁らしきものを刺した箇所がいくつも見受けられた。

ついで、刺さっている出刃包丁を母親が抜き、悲鳴のような声を上げながら、もう一度刺した。

心なしか、壁面の顔はニヤニヤ笑っているようにも思えた。

こんなことで追い返しはできないぞ。まるでそう言わんばかりに、ハルさんには思えた。

そして包丁を何度も壁面に指す大嶺家の二人を見ているのも、ハルさんには辛かった。

こんなこと、人間のすることではないと、ハルさんは思った。

憎しみはすべてを焼き尽くす。憎しみはすべてを滅ぼす。

なんとなく、そんな言葉が心の中にぽっかりと浮かんできた。


家に帰ったハルさんは、そのまま仏間へ行き、普段は閉められているリュウキュウイヌマキで作られた仏壇の扉を開いた。一番上にはガーナートートーメーと呼ばれる、神様からずっと続いている名前の書かれた位牌があり、中段の右側に、人形用の台座に乗せられた、古びた琉球人形があった。ハルさんは久しぶりにそれを手に取った。

ひんやりして、かび臭《くさ》い臭《にお》いがして、ずしりと重かった。

ブトキ。

ハルさんは心の目で人形の中を見た。

これは人形ではない。生きている、何かみたいだ。

「カマドゥよ、これでいいのかねえ」とハルさんは人形を持ちながら独り言のように言った。

返事はなかった。


ハルさんは、その夜、義理の息子に頼んでインターネットで次の新月の日を見つけてもらった。

ああ、来週だねえ。

その夜、ハルさんは、覚悟を決めた。

ブトキ3
ブトキの夜

新月。もっとも月が深く、夜の邪悪な行いが闇によって覆い隠される夜。

だが新月がやってくる前に、ハルさんにはしておかなければならないことがあった。

昼間、ハルさんはある会社に電話をした。

「はい、○○商事でございます」

「ええと、○○商事さんですか。私は黒島ハルと申します。社長さんと代わっていただけませんか？」

「はい、黒島様ですね。どういった御用でしょうか？」

「私の名前を伝えてください。カマドゥの件で会って話がしたいとも」

相手の受付の女性はいぶかしながら、「少々お待ちください」と言った。

しばらくすると、相手が出た。

「もしもし」野太い中年男性の声だった。

「あんた、新城ね」

「あんたは、黒島のオバアか。話したかったさ」

「あたしもだよ。会って話せないかねえ」

「話す？　会う？　オバアよ、あんたには何にも理由がない。だから首を突っ込まんで欲しいな。大人だったら、無視するのが一番さ。わかるね、この意味よ」

「わかる。だから無視しないわけ。これもわかるね。この意味よ」

相手は黙ってしまった。

「今日、会えるかね」ハルさんは言った。

「ならん。必要がない」

「あんた、大嶺を殺したね」

「首を吊ったのは個人の責任であるさ。私は手を下してない」

「ユクシ（嘘）。あんた、相当なユクシムニだね」

「私は、現在は社長の仕事をしている。だから、そういったユタごとには関わっていない」

「ユクシ。私はあんたが納豆みたいに後ろで糸を引いているのが見えるよお」

「見当違いもはなはだしい。これ以上イチャモンつけるようだったら、腕のいい弁護士もうちにはいますよ」

「あんた、馬鹿だねえ。この件に弁護士は意味をなさないよ」

「そうですか、やってみますか」

「それはどうぞご自由に」

「あんたの家系、あれ、何っていったか。ブトキだったか。あれはまだ、あるのか？」

「もちろんあるよ」

「信じてるのか。というか、あんたに扱えるのか」

「それはお前の知ったこっちゃないさ」

「じゃあこっちにもムシヌガナシー（虫の神様）がいる。首を突っ込むと、大変なことになる」

「あんたもだよ。大変なことになるさ」

「交渉は決裂ということですね」

　相手はそういって一方的に電話を切った。

「ああ、馬鹿らしい。なんて粗暴な人なんだろうねえ」

　ハルさんは胸がムカムカするのを抑えながら、そう呟いた。

その日の夜である。ミカさんが泣きながら孫を連れて帰ってきた。何でも高速道路を走行中、カナブンらしき虫の大群に衝突され、もう少しのところで事故になるところだったという。

怖くて怖くて、高速を降りてからも、何か嫌な気がしていたら、家の近所でスズメがなぜか車のフロントガラスにぶつかってきたという。

「お母さん、何か怖い。これと大嶺さんの自殺って何か関係があるでしょう?」

娘からそう言われて、ハルさんにはもう選択肢がなくなってしまった。

これでうちも巻き込まれたのだ。家族を守るためには仕方がない。

次の日、黒島家の三人の女性が昼間、仏間に集まった。やるのなら、この三人以外に考えられなかった。

「大変遺憾なことであるけれど、やるよ」ハルさんは言った。

その瞬間、仏間の庭に向けた窓に、見慣れない鳥が一羽やってきて、「カケケケケ」と鳴いた。そしてなぜか、そのままガラスにぶつかってきて、ドシンと衝突した。

鳥はしばらく庭で気絶していたが、やがて目を覚ますと、どこかへ猛スピードで飛んでいった。

「もう始まっている」とハルさんは言った。

それから黒島家の三人の女性とハルさんは、近所の空き地にススキを取りに行き、それを刈り取って持ち帰った。そして青いままのススキの葉と茎を編んで、人形の体裁に整えた。

「これが茶色く枯れてしまう前にやらないといけないよ。新月は明日だからね」

ハルさんはみんなの前でそう宣言した。


新月の夜。ハルさんと黒島家の三人の女性は、近くの山に登った。そこは遠見台と呼ばれており、琉球王府の頃、のろしを上げて通信したといわれている遺跡のある山だった。と、同時に黒島家では、ブトキを行なった場所として、それを知るものは普段は決して立ち入らぬ山でもあった。

彼らは山の上に登り、牛脂の入った鍋を火にかけた。新月の山の頂上は暗く、手元の懐中電灯だけが、四人の女性をぼんやりと照らし出していた。

やがて牛脂がどろどろに溶け、プップツと煮えたぎった音がし始めた。

ハルさんはススキの茎と葉で作った人形を左手に持ち、右手で長いマチ針を手にした。

「イチジャマシタティ、イチジャマシタティ」とハルさんは呟いた。そして右手で、マチ針を人形に、ゆっくりと、だが着実に差し込んでいく。差し込んでは、抜く。まるで両手の力がすべてマチ針の先端に込められているかのごとく、何度もそれを繰り返した。

そして相手の名前を口にして、こう言った。

「イチジャマガナシィ、イチジャマガナシィ、ウヤファーフジ、ミーマモラン、ブトキヌ、ヤマサリン。イチジャマガナシィ、イチジャマガナシィ……」

そう言って、マチ針のついたままの人形を、牛脂の中に放り込んだ。

バチバチと脂がはぜて、飛び散った。

何かが砕け去った。あるいは溶け去った気がした。

人形は山頂の木に三日三晩逆さつりにされた。三日目の夜に、ハルさんと黒島家の三人の女性は再び現れて、今度は山頂で焚き火を起こし、やがて火の中に人形は投げ入れられた。

人形はどす黒い炎を上げて燃えた。

やがてハルさんと黒島家の三人の女性は、くすぶり続ける人形を後ろ目に見ながら、足についたチリを払う動作をした。これも先祖から伝わっているものだった。

こうして女たちは山を降りた。黒島家の三人の女性の役目はこれで終わった。

だがハルさんの仕事は、これからが本番だった。

きっと相手はイチジャマゲーシをしてくるに違いない。

それをブトキを使って、食い止めなければいけない。


相手からのイチジャマゲーシはすぐにやって来た。

ピンポーン。

夜も明けぬ頃、ハルさんが家に帰ったときから、誰もいないのに玄関のチャイムが鳴り続けた。

ピンポーン。

ドンドンドン。

誰かがドアを激しく叩く音がする。

心配する家族にハルさんは言った。

「大丈夫。ヤナムン（嫌なもの）が来てるだけさ。放っておきなさい」

そして自分は一人、仏間に籠ってウガミを続けた。

仏壇の中心にブトキを置き、ハルさんは全身全霊の力を持って祈った。

ブトキガナシィ、ブトキガナシィ。すべての災いはこの身代わりの人形の中に入り込みますように。そして金輪際ここからは出ないように蓋をしたまえ。

その間に、黒島家の庭では異変が起こった。無数のミミズが庭から這い出して、家の基礎のコンクリートの上でのたうち始めた。そして家の前のどぶ川には死んだ魚が浮き、カナブンが蜂のように飛び交い始めた。また小さな羽虫が黒い塊《かたまり》となって玄関の前で群れ始めた。

それらに対して、娘のミカさんは殺虫剤で応戦した。ホームセンターで蚊やゴキブリやムカデなど、ありとあらゆる虫に効くものを買い、それを家の周囲に噴霧した。

黒島家が「ブトキ」の人形なのに対して、新城家が使うものは昆虫であった。

ムシヌムン（虫の物）という名前のイチジャマゲーシがあり、それには昆虫を使う。

帰ってきたイチジャマを、彼らは仏壇の前に針で刺した昆虫の心臓に集める。そのために、彼らはムシヌガナシィという名前の神様に祈る。ムシヌガナシィはすべての昆虫、小さき鳥、魚などに宿ることが出来る。

だが黒島家にはそういうジチ（術）は伝わっていない。あくまで飛ばされたものを、人形の中に入れて身代わりとするだけだ。

二日目の夜、畳の隙間から、小さな糸ミミズのようなものが、仏間の中に大量に入り込んできた。ミカさんはそれらに対して、殺虫剤という近代的な方法で対処していく。そしてムカデが、大嶺さんが首を吊った松の木の表皮に大量に発生した。それらも、ミカさんはひとつ、ひとつ冷静に対処した。

その間も、ハルさんは一心不乱に祈った。

四日目のことである。ハルさんが祈っている畳の上に、水溜りが出来た。どこから水が来たのかわからなかった。

五日目には、三匹のネズミがどこから入ったのか、黒島家の中を走り回った。また急に何匹ものゴキブリが家の中に現れた。壁や天井や冷蔵庫の野菜室の中にまで入り込んでいた。風呂場の排水溝からは、大きなクモが現れて、孫たちは悲鳴を上げた。

「大丈夫だよ。あいつらはこんなことでしか応戦できないわけさ」とハルさんは家族に説明した。「あいつらには嫌がらせをする力しかない。あと少し我慢しなさい」

そして、一週間後のことである。

その日は亜熱帯性のスコールのような大雨が、沖縄を蹂躙《じゅうりん》した。雨が上がると、外は湿気で大変なことになった。すると、何かが黒島家の外壁を覆いつくした。

ヒルであった。

黒島家はクリーム色の壁面であったが、そこに軟体動物のヒルが無数に張り付き、うごめき始めた。家族は出来るだけ外出しないようにし、鍵を掛けた。

その夜のこと。仏間でハルさんとミカさんが一緒に寝ていると、妙な声がした。

イチジャマシタティ、イチジャマシタティ。

小さな子どもの声だ。かすれた声だった。

イチジャマシタティ、イチジャマシタティ。

ハルさんとミカさんは一緒に起き上がり、共に同じ方向、仏壇の中を見た。

その瞬間、人形の首が外れて、そのままコンコンと音を立てて、畳の上に転がった。

ハルさんはその瞬間、すべてが終わったのと同時に、人形に対して、慈しみと哀れみの情が湧いてくるのを感じた。

ああ、この子は身代わりになってくれたんだねえ。

人形の首の部分は木製であったが、まるで電気のこぎりで切断されたかのように、一直線にスパッと斬られていた。

「この子は、よく頑張ったね」とハルさんは斬られた首を持ちながら言った。

「よし、これで終わりのようだよ」


その人形については、いろんな説がある。初代のユタ、カマドゥの娘が幼くして死に、そのマブイ（魂）が身代わりとして入っているとも、カマドゥの孫の娘のマブイであるとも、言われている。確かなことは今となってはわからない。あるいは未練を残して死んだジュリ（沖縄の遊女）がモデルとなっているのだとも、またそのマブイ（魂）がこもっているとも、伝えられている。

その後、ブトキは遠見台の山の上で、ハルさんと黒島家の三人の女性によって火葬にされた。

燃え残った本体は、山の上で土の中に丁寧に埋められた。

その後こんなことがあった。

新城家の経営する商社は、不渡りを出し倒産してしまった。新城家の子どもが続けざまに三人も寄生虫にやられてしまい、入院したとも聞く。そしてくだんの新城家の社長は、その後すぐに亡くなってしまった。朝、奥さんが様子を見に行くと、すでに冷たくなっていたそうである。

何を思ったのか、奥さんは夫の亡くなったその日、ハルさんに電話を掛けてきた。

「あんたの家系を滅ぼしてやる。この人殺し」そう奥さんは断言した。

そして、夕方になり、野良猫を一匹殺し、その臓物を黒島家の玄関にばらまいた。

ミカさんがそれを見たので、すぐさま警察が呼ばれ、奥さんは連れて行かれた。


そして、すべてはめでたし、めでたし、とはならなかった。

その次の日、黒島家の愛猫が血を吐いて急に死んでしまった。ハルさんにはその猫が、自分たちの身代わりで死んだことがすぐにわかった。動物は飼い主に対して無償の愛がある。無償の愛が示すものが、これだった。

「ああ、私は二度とブトキを使わん。哀れであるよ。人間とは、なんて哀れであるのか……」

ぐったりした猫の頭を撫でながら、ハルさんは大粒の涙を流してそう呟いた。

その後、筆者が黒島ハルさんと会ったのは、最後にブトキを使ってから十年後のことだった。この話はそれをもとにしている。

「その後、新城家のものはどうなったんですか」

「ああ、新城家ね。その後、三人死にましたよ。みんな交通事故でね。可愛そうとは思いませんでしたよ。私は鬼ですかね。相手がやったことだから、当然です」

「ブトキはあれから行っていないのですか」

「やりません。私は神様と取引をしました。もう二度とあれを使わんし、人にイチジャマを飛ばすような欲望も持たないと決めました……。ところで、あんたよ、これを本に書くわけ?」

「はい、ぜひ書きたいなと思っているんですが」

「細部はごまかしなさいよ。そのまま書いて、デージ（大変）なことになったら、私は責任取れないよ」

「はい、わかっています」

「でもよ、多分現代の人は、この話を鼻で笑いながら、どこかで信じるはず。幽霊は信じなくても、イチジャマはみんな心のどこかで信じてるわけ。そしてみんな無意識に飛ばしている。もしイチジャマを受信できるラジオがあったら、もう大変さ。世の中はほんと、恐ろしいことになってる。私にはそれだけはわかる。みんな、自分の利益しか追求しない。他者は滅べばいいとだけ思っている。いつからこんな悲しい社会になったのかね」

「まったくそうですね」

「ところでよ、最近、私は那覇の古道具屋に行ったんだが、新しい人形を買ってね。ほれ、そこの仏壇の中にあるよ。人形が、連れて行ってくれって、呼ぶわけさ」

「もしかして、あれが新しいブトキですか?」

「そんなこと、誰にもわからん」とハルさんははぐらかすように言った。「たとえそうであるとしても、それにどういう意味があるのかは、誰にも理解できん。もしかしたらあれをそのために使うことが出てくるかもしれん。でもどうなるかは、神のみぞ知る。

私にはわからんことであるさね」

「まあ、そうですね」

新しいブトキは、静かに、黒島家の仏壇の中で、今もその時をじっと待ち続けている。


【事実補足】

１６７６年の記録によると、八重山に住んでいた女が、イチジャマを使って別の女を殺害したと伝えられている。当時の評定所（裁判所）は、女を有罪とみなし、引き回しの上死刑を宣告した。「琉球王国評定所文書」（琉球王国評定所文書編集委員会・編　浦添市教育委員会・発行　平成元年）より。

琉球奇譚　シマクサラシの夜

2018年7月6日　初版第1刷発行
2021年2月25日　初版第2刷発行

著者　小原 猛
デザイン　橋元浩明(sowhat.Inc.)
企画・編集　中西如(Studio DARA)
発行人　後藤明信
発行所　株式会社 竹書房
〒102-0072 東京都千代田区飯田橋2-7-3
電話03(3264)1576(代表)
電話03(3234)6208(編集)
http://www.takeshobo.co.jp
印刷所　中央精版印刷株式会社

定価はカバーに表示しています。
落丁・乱丁本の場合は竹書房までお問い合わせください。

ISBN978-4-8019-1516-9 C0176